企業評価の
総合的方法

小山明宏 ［著］

創 成 社

まえがき

　ここに企業の総合的な評価についての教科書を出版できることは，大変うれしいことである。もともと企業評価という用語は，いわゆる経営分析の分野でのものであると思われるが，筆者にとっては，遠い昔，大学院生の頃に初めて目にした，Standard & Poor's の信用格付けのプロセスに関する資料で知った，まさに企業の総合的な評価の方法，その発想に心を奪われて以来のテーマであった。

　当時その資料をいただいた，故・木村増三・前一橋大学名誉教授との会話も，筆者のこの分野での興味を増す，忘れられないものである。証券分析論という科目でのグレアム，ドッド，コトルの教科書をもとにした授業では，今となっては初歩的・入門的と言われそうなトピックが採り上げられ，しかし当時はとても興味を持って勉強していた記憶がある。

　本書の内容構成は，ある程度，筆者がスタンダードと考えるものになっていると思うが，過去合計4年半ほどにわたるドイツでの研究生活で得られた成果も，なにがしか使われている。ミュンヘン大学（Ludwig Maximilians Universität, München）のヴォルフガング・バルヴィーザー（Wolfgang Ballwieser）教授には，過去20年以上にわたってたびたび研究・教育上のアドバイスをいただいている。企業評価（Unternehmensbewertung）に関する同教授の著書は，現代のドイツではこの分野で共通の教科書として知らない者はいないものであり，筆者も勉強させていただいた。ここに感謝したい。

　筆者がファイナンスの分野に足を踏み入れたのは学部4年の頃だった。恩師であられる宮川公男・一橋大学名誉教授には小平の統計学の授業以来，常にお世話になり続けてきた。宮川先生の『基本統計学・第4版（有斐閣）』は，この分野では異例の，通算12万冊売れている本だが，その初版は1976年に出ている。筆者は当時，大学院修士課程1年生で，入学直後の5月に同書の「回帰分析」の章のゲラを渡され，校正したのが生まれて初めての「仕事」だった。以後，経済現象を統計（学）的に観察する

習慣を身につけて現在に至っている。企業評価における「総合評価」も，まさにこのような観点，そして統計的な見方が有効なわけで，本書でも採り上げられている判別分析による方法も，その延長線上のトピックである。

　「企業評価」は必ずしも普遍的な言葉ではない。しかし「評価（Valuation）」は至るところで行われている。大学での，科目ごとの成績は，その代表的なものである。そこでは勉強という，学生の努力をいかにフェアに得点づけるかが課題となる。この点で筆者は，授業中の小テストやアンケート，レポートなどによる学生の「日常的努力」の確認に重きを置くことにより，最終的なテストの点数だけによって結果が偏らないように努めているが，その首尾に関しては，ずっと模索が続いているのが実情である。それは，まさに企業評価と同様に，「真の価値」，すなわち学生がいかに真剣に勉強に取り組み，努力したかをこちらが正しく，そして十分に確認するか，という努力の連続ということになる。

　本書でも詳しく触れている通り，最終的に目指している「総合的」評価は，いずれの場合でも易しいものではない。個別的な評価だけでは真の価値を知ることはできない，という基本的な発想の下に，1つずつ作業を進めていく，というのが，地味ではあるが最も重要なことであろう。それを広く知らせる，という試みが，本書でなにがしか上手くいくくならば，大変うれしいことである。

　なお，本書の初期原稿の整理とデータの入力にあたり，学習院大学経済学部の中田仁美，角南裕佳子，祢津可愛，瀬尾はるか各副手にお世話になった。記して感謝したい。

　2018 年 5 月　ドイツ経営（経済）学会（英語名は German Academic Association for Business Research）の第 80 回年次大会が行われている，旧東独の古都・マグデブルグで

小山明宏

目次

まえがき

第1部 企業評価入門

第1章 企業評価とは何か ─── 1

第2章 財務諸表の知識 ─── 7
1 貸借対照表 ………………………………………………… 11
2 損益計算書 ………………………………………………… 12
3 株主資本等変動計算書 …………………………………… 13
4 キャッシュ・フロー計算書 ……………………………… 13

第2部 企業の絶対的評価

第3章 企業の合併価値 ─── 25
1 M&Aとは何か …………………………………………… 27
2 シナジー価値 ……………………………………………… 28
3 M&A対象企業の価値計算の方法 ……………………… 29

第4章 仮説企業の数値による例題 ─── 33
1 基本モデル ………………………………………………… 36
練習問題 ……………………………………………………… 45

v

第3部　企業の相対的評価

第5章　財務比率による経営分析 ———————————— 49

1 経営分析の方法 ……………………………………… 51

2 収益性の分析 ……………………………………… 52

3 安全性の分析 ……………………………………… 54

4 生産性の分析 ……………………………………… 57

5 成長性の分析 ……………………………………… 61

6 実例による演習—黒崎播磨（株）とＡ社の比較分析 ……………… 62

第6章　企業の総合的評価 —伝統的な方法— ———————— 65

1 アナログ的方法 …………………………………… 67

2 デジタル的方法 …………………………………… 68

3 定性的な側面の評価 ……………………………… 74

4 企業の定性的総合評価とステークホルダー ……………… 88

第7章　企業の総合的評価 —統計的な方法— ———————— 93

1 「優良企業グループ」と「非優良企業グループ」という

　　2つのグループの区別 …………………………… 95

2 判別得点による総合評価 ………………………… 98

練習問題 …………………………………………… 102

索　引　103

第 1 部　企業評価入門

第 1 章

企業評価とは何か

企業評価（企業価値評価）は，英語で言えば corporate valuation（ドイツ語では Unternehmens-bewertung）の訳である。valuation というのは，value，すなわち価値を測る，あるいは値踏みする，という意味である。

　20 世紀半ば，アメリカでは「企業評価モデル」というトピックが盛んに採り上げられた。アメリカのゴードン（Gordon）やヴァン・ホーン（Van Horne）などによる理論的・制度的なアプローチやモデル分析での「企業評価モデル」の基本的な考え方は次のようなものであった。

　　　V：企業価値　　X_t：当該企業が獲得する第 t 期のキャッシュ・フロー　　r：割引率

このとき，

$$V = \frac{X_1}{1+r} + \frac{X_2}{(1+r)^2} + \cdots\cdots + \frac{X_T}{(1+r)^T} + \cdots\cdots$$

となる。ここで毎期の X が同じとすれば，数列の公式から

$$V = \frac{X}{r}$$

となる。

　これが基本的な企業価値のモデルとなる。これで明らかなように，r が小さくなれば V は大きくなる。すなわち，毎期の割引率が小さいと企業価値は増えるということである。この r は資本調達に要するコストで「資本コスト」と呼ばれる。

　当時はこれが，基本的な企業価値のモデルとされたが，現実の企業評価というのは，そういうものではなくて，実際は，企業のさまざまな側面を採り上げて，「良い企業とはどういうものか」ということを考えるものである。ただし，財務的な側面を中心に考えるのが，ここでの最終的な目標である。

　教科書的には，次のような叙述が典型である。

　企業の価値を測定することを，企業評価と呼ぶ。企業がさまざまな意味でいくらに値するかを算出することが，企業評価である。この価値の概念は，それを見積もる主体が誰であるかにより異なり，株主の場合には企業の市場価値，債権者の場合には企業が持つ資産の価値など，さまざまである。企業の評価には「絶対的評価」と「相対的評価」がある。「企業の絶対的評価」では，対象となる企業が産み出すフリーキャッシュ・フローの累積額を

DCF 法（Discounted Cash Flow 法, 現金流列割引計算法）で評価し, 価値を計算する。これに対して, 財務諸表分析を中心として, 他の比較対象との関連において評価を行おうというのが「企業の相対的評価」である。財務分析, 経営診断, 得点化とランキングなどがその代表的なものである。

企業評価は, 社債発行企業の社債償還能力が格付け会社によって格付けされるようになり, そこでの AAA などの呼称が, 当該企業の商品（保険など）の価値を宣伝するのに使われ始めたことで注目されるようになった。格付け自体は, 企業の債務不履行危険（社債の元本と利子の支払い能力）の指標であり, 直接の企業価値を示すものではないが, これを株式の投資価値の指標として経済マスコミが使用したりするうちに広まったものである。その場合には, 当該企業の経営戦略なども総合的に勘案して, 質的な面も含めて企業評価が行われている。

それは, 文字通り, 対象となっている企業がどれだけの価値を持っているかを何らかの方法で計る（測る）ことを意味している。この考察は非常に重要なものであり, 大学教育においてもその重要性は, より強調されるべきものであることについては, 誰も異論はない。そして, わが国では, それは, 財務的な側面をはじめとして, 企業のさまざまな側面を反映させることで, 当該企業の価値を数値化しようという分析であり, 大学ではそれを, 実習を伴って指導するものである。コンピュータの発展以前は, 企業財務という分野の中でも企業評価論は, 前述のアメリカの Gordon や Van Horne などによる理論的・制度的なアプローチやモデル分析が中心であった。ただし, とりわけ 1970 年代以降は, バッチ処理による大型コンピュータの進展に始まって, 特にこの 20 年ほどは, パーソナルコンピュータの爆発的な普及により, 表計算や統計計算が手軽にできるようになったことから, 財務データを中心として現実のデータを加工し, 学生が気軽に企業評価の作業を行うことができるようになってきている。

そして, このような「企業評価」の代表的な一例として, 常に目を向けられてきたのが「信用格付（Credit Rating）」である。

すなわち, 一般的に企業（価値）評価というものは, それを行う者の目的によってその内容は大きく変わってくるもので, 一概に「これが企業評価だ」と述べることは難しいとされる。ただしそこでは,「『良い』会社とは何か」という疑問あるいは目的意識が常に根底にあることは明らかである。そしてその場合, 信用格付において問題とされる価値の意識は, あらゆる目的に共通な, 1 つの価値観を代表するものと考えられるからである。

要約すれば, 企業がさまざまな意味でいくらに値するかを算出することが, 企業評価で

ある。このような価値の概念は，それを見積もる主体が誰であるかにより異なり，株主の場合には企業の市場価値（その代表的尺度が株式の時価総額），債権者の場合には企業が持つ資産の価値など，さまざまな定義が可能となる。企業評価が注目されるようになった背景には，社債発行企業が格付け会社によって格付けされるようになり，そこでの AAA（トリプルエー）などの呼称が，当該企業の商品（保険など）のクオリティーを宣伝するのに使われ始めたことがある。格付け自体は企業の債務不履行の危険の大きさを表す指標であり，直接の企業価値を示すものではないが，これを株式の投資価値の指標としてマスコミが使用したりするうちに広まった。ただし，ライブドア事件や村上ファンド騒動以来，株価操縦によって「見かけの」価値が詐称され，一般投資家に不利益が及んだことを反省して，時価総額などの指標を単純に「株主の富」とみなす発想にはブレーキがかかっている。最近は企業評価にあたり，ブランドなどの知的無形資産が果たす役割も高まりつつある。

　繰り返しになるが，前述の通り，企業評価は，誰の立場で行うかによって，見方が大きく異なる。例えば，就職する学生の立場，製品・商品を買う消費者の立場，金を貸す人（債権者）の立場（信用格付け，Credit Rating），株主（投資家）の立場・・・等々，評価する人の違いによって，どういう側面，指標を採り上げるかは変わってくることに留意しなくてはならない。

第2章

財務諸表の知識

投資家や債権者など企業の利害関係者への情報提供のために，一定の様式で企業の経営活動を貨幣価値で記録し，その財務的な状態を表す会計諸表（計算書類）が財務諸表である。代表的なものは，貸借対照表（バランスシート），損益計算書，株主資本等変動計算書（S/S），キャッシュ・フロー計算書である。上場企業の場合，投資家はその公式な詳細を有価証券報告書という形で見ることができる。

　取引所に上場している企業は，自社のサイトに，「貸借対照表の要旨」や「損益計算書の要旨」が掲載される。黒崎播磨株式会社（以下，黒崎播磨と略称）のそれを示すと，図表2−1の通りである。なお，これはUllet（ユーレット）というサイトによるものである。Ullet（ユーレット）は，バリュー投資家や就職・転職活動中の人，企業の広報・IR・経営企画の担当者など，上場企業に関する情報を調べたい人々に最適な企業価値検索サービスとされる。

図表2−1　黒崎播磨【東証1部：5352】「ガラス・土石製品」

貸借対照表（B/S）　　　　　　　　　　　　　　　　　　単位：百万円

決算年月日	2012年度	2013年度	2014年度	2015年度	2016年度
現預金等	2,842	3,690	3,407	3,147	3,094
その他流動資産	45,039	47,693	50,854	55,478	68,424
有形固定資産	29,522	29,160	28,094	26,749	26,324
無形固定資産	8,361	7,832	8,123	6,626	6,343
投資等	12,146	11,516	12,570	10,012	12,517
総資産	97,924	99,891	103,048	102,012	116,702
流動負債	30,103	41,168	38,818	35,493	47,362
固定負債	32,676	16,986	18,250	21,551	18,564
資本（純資産）合計	35,145	41,737	45,980	44,968	50,776
負債資本合計	97,924	99,891	103,048	102,012	116,702

損益計算書（P/L）

単位：百万円

決算年月日	2012 年度	2013 年度	2014 年度	2015 年度	2016 年度
売上高	97,336	101,005	110,425	115,118	108,371
売上合計	97,336	101,005	110,425	115,118	108,371
売上原価	80,740	84,429	92,245	94,672	86,163
その他費用収益	15,223	14,608	16,577	16,771	17,782
費用等合計	95,963	99,037	108,822	111,443	103,945
売上総利益	16,596	16,576	18,180	20,446	22,208
税引前当期利益	2,435	3,318	2,639	5,710	7,207
当期純利益	1,373 (1.4%)	1,968 (1.9%)	1,603 (1.5%)	3,675 (3.2%)	4,426 (4.1%)

キャッシュ・フロー計算書（C/F）

単位：百万円

決算年月日	2012 年度	2013 年度	2014 年度	2015 年度	2016 年度
営業活動による キャッシュ・フロー	3,894	4,978	3,818	2,296	- 2,792
投資活動による キャッシュ・フロー	- 3,728	- 1,925	- 1,786	- 2,297	- 2,182
財務活動による キャッシュ・フロー	- 139	- 2,604	- 2,609	- 193	4,955
現預金等の換算差額	159	399	294	- 152	- 88
現預金等純増減額	186	848	- 283	- 346	- 107

　取引所に上場している企業の財務諸表のデータは，証券取引法の規定に基づく「有価証券報告書」を利用することになる。「有価証券報告書」を入手するには，以前は企業別および期別に，政府刊行物サービス・センターや政府刊行物サービス・ステーションなどで販売している「有価証券報告書総覧」を購入する必要があったが，現在では，金融庁のホームページ上でEDINET（Electronic Disclosure for Investors' NETwork）を利用して，無料で入手できる。

　黒崎播磨の「有価証券報告書総覧」における貸借対照表と損益計算書を示すと，章末

の図表2-2, 図表2-3の通りである。図表2-2は有価証券報告書第2・3頁の【企業の概況】である。その【主要な経営指標等の推移】は財務諸表の中から重要なものを取り出して示し，また自己資本比率などの基本的な財務比率を掲載していて，当該企業の基本的な経営分析に役立つものである。図表2-3の「有価証券報告書総覧」の貸借対照表と損益計算書は，前期と当期の2期分の金額と構成比（component ratio）を示している。

「有価証券報告書総覧」における貸借対照表と損益計算書は，会社のサイトにおける「貸借対照表の要旨」や「損益計算書の要旨」と比較して詳細なデータであるが，基本的な構成は同じである。

本章では，黒崎播磨と同業他社の財務諸表データを使って，経営分析をするための準備をする。収益性・安全性・生産性・成長性などの指標の値を計算するためのデータを財務諸表から探し出すことができる必要がある。

経営分析を行うためのデータの収集には，日本経済新聞社の『日経会社情報』（年4回発行，春号（3月）・夏号（6月）・秋号（9月）・新春号（12月），ただし2017年3月で休刊）や東洋経済新報社の『会社四季報』（年4回発行，春季号（3月）・夏季号（6月）・秋季号（9月）・新春号（12月））を利用するのもよい。

大企業に関する統計資料としては，以前は日本銀行調査統計局『主要企業経営分析』，三菱総合研究所『企業経営の分析』などさまざまなものがあったが，電子化の波の下，現在は発刊されていない。

パソコンによるオンライン情報サービスとしては，日本経済新聞社の「日経テレコン」などがある。また，インターネット上のホームページで，財務に関する情報を公開する企業がほとんどである。

① 貸借対照表

決算時点など，ある一時点（例えば，期末，あるいは決算日）での企業の財政状態（financial position）を示す計算書で，資金の調達源泉と運用形態を表すのが貸借対照表（balance sheet；B/S）であり，損益計算書と並んで重要な財務諸表である。財政状態とは，資産・負債・純資産（資本）の内容をいう。

毎年の決算日（多くの場合，3月31日）をその区切りとする。資金の調達源泉，すなわちお金を誰に出してもらったか，あるいは誰にお金を返さなくてはならないかというこ

とを右側（貸方），資金の運用形態，すなわちお金を何に使ったか，を左側（借方）に記入する。さらに右側の部分は，返済が必要な部分とそうでない部分とに分かれる。右側で，返済の必要があるものは負債，その必要のないものは純資産（資本）と呼ぶ。左側の部分は資産と呼び，企業の財産を表す。このように貸借対照表は，資産，負債，純資産（資本）の3つの部分に大きく分けられる。これに関連して，資産＝負債＋純資産という貸借対照表等式が成り立つ。この式は，会計の計算構造を恒等式として表す，重要な基本式である。

資産の部は，流動資産・固定資産・繰延資産の3項目に分類する。流動資産には，現金および預金，売掛債権，有価証券，棚卸資産などがある。固定資産は，有形固定資産（建物，機械装置，土地など）・無形固定資産（特許権など）・投資等（子会社株式など）に3分類する。次に，負債の部は，流動負債，固定負債の2項目に分類する。流動負債には，買掛債権，短期借入金などがある。固定負債には，社債，長期借入金などがある。そして，純資産の部は，株主資本，評価・換算差額等，新株予約権に分類する。

貸借対照表の科目の配列方法には，流動性配列法と固定性配列法がある。現代日本における貸借対照表は，流動的なものから固定的なものへ順次配列する流動性配列法である。

❷ 損益計算書

企業活動の時間的な区切りとして1年を1単位と考えた時，1単位期間（会計期間）当たりの会社の経営成績を表すものが，損益計算書（profit and loss statement；P/L, income statement）で，企業の一定期間（例えば，1年間）における経営成績（operating results）を示す計算書である。経営成績とは，収益・費用の内容をいう。貸借対照表と並んで重要な財務諸表である。会社の経営成績を明らかにするため，1会計期間に属するすべての収益とこれに対応するすべての費用とを記載して経常利益を表示し，これに特別損益に属する項目を加減して当期純利益を表示する，と企業会計原則に記されている。このように収益から費用を差し引いて利益を出すのが基本であるが，収益も費用も，本業に関わるもの，本業と直接には関わりのないもの，通常予想していない臨時的なものの3つがある。これらを考慮しつつ順番に，営業利益（企業の営業活動から直接生じた利益），経常利益（営業利益に金利などの営業外収益を加えた利益），税引前利益と計算されて，そこから税金（法人税等）を差し引いた金額が当期純利益である。損益計算書から得られる情報は，これら4つの利益であり，特に営業利益と経常利益がどれくらいであるか，前

期に比べて，または他社に比べてどうか，などの考察を行う必要がある。

　具体的には，まず，売上高から営業費用（売上原価，販売費および一般管理費）を差し引いて，営業利益を計算する。営業利益は，企業の営業活動から生じる利益である。次に，営業利益に営業外収益（受取利息，受取配当金，有価証券売却益など）を加え，営業外費用（支払利息，有価証券売却損など）を差し引いて，経常利益を計算する。経常利益は，企業の経常的な経営活動によって生じる利益である。経常利益に特別利益（固定資産売却益など）を加え，特別損失（固定資産売却損，災害損失など）を差し引いて，税引前当期利益を計算する。そして，税引前当期利益から法人税および住民税を差し引いて，当期利益を計算する。さらに，当期利益に前期繰越利益などを加え，中間配当額や利益準備金積立額などを差し引いて，当期未処分利益を計算する。

③ 株主資本等変動計算書

　株主資本等変動計算書（かぶぬししほんとうへんどうけいさんしょ，S/S，Statements of Shareholders' Equity）は，貸借対照表の純資産の変動状況を表す財務諸表である。以前は，個別ベースでは利益処分計算書（利益処分案），連結ベースでは連結剰余金計算書という財務諸表によって「資本の部（現・純資産の部）の変動状況」を示していた。しかし，2006年の新会社法で，剰余金の処分を定期株主総会以外でも行うことができるようになるなど，時期や方法が大幅に自由度の高いものとなったことから，期中の純資産の変動を適切に把握する必要性が発生し，新たに株主資本等変動計算書が作成されることとなったのである。そこでは，純資産を株主資本，評価・換算差額，新株予約権，少数株主持分（連結株主資本等変動計算書においてのみ作成）の4つに分けて掲載する。そして，株主資本の期中の変動額については，変動した事由ごとに区分して表示する。株主資本以外の項目は，原則として当期の変動額の純額を表示する。

④ キャッシュ・フロー計算書

　キャッシュ・フローとは現金の流出入のことであるが，キャッシュ・フロー計算書でいうキャッシュ・フローとは，そのうちのフリーキャッシュ・フローと呼ばれるものを意味する。資金の提供者にとってフリーということで，資金提供者たる株主，社債権者に分配できるキャッシュ・フローを指す。税引き後の利益に現金支出を伴わない費用たる減価償

却費を加え，さらに運転資本投資額と固定資産投資額を差し引いて算出される。キャッシュ・フロー計算書では，（1）営業活動によるもの，（2）投資活動によるもの，（3）財務活動によるもの，の3つに区分してキャッシュ・フローを表示し，それぞれ合計が出される。株主や投資家は，キャッシュ・フロー計算書によって企業の活動別のキャッシュ・フロー金額とその相互関係を知り，企業の財務戦略を知ることができる。

図表2－2　黒崎播磨の有価証券報告書第2・3頁の【企業の概況】

(1)　連結経営指標等

回次		第122期	第123期	第124期	第125期	第126期
決算年月		平成25年3月	平成26年3月	平成27年3月	平成28年3月	平成29年3月
売上高	（百万円）	97,336	101,005	110,425	115,118	108,371
経常利益	（百万円）	2,426	3,063	3,750	5,766	7,844
親会社株主に帰属する 当期純利益	（百万円）	1,373	1,968	1,603	3,675	4,426
包括利益	（百万円）	3,770	4,058	5,474	△392	6,555
純資産額	（百万円）	38,667	41,736	45,979	44,967	50,775
総資産額	（百万円）	97,924	99,891	103,048	102,012	116,702
1株当たり純資産額	（円）	416.42	449.88	493.90	485.61	550.77
1株当たり当期純利益	（円）	16.27	23.33	19.00	43.57	52.49
潜在株式調整後 1株当たり当期純利益	（円）	－	－	－	－	－
自己資本比率	（％）	35.9	38.0	40.4	40.2	39.8
自己資本利益率	（％）	4.1	5.4	4.0	8.9	10.1
株価収益率	（倍）	13.5	9.7	13.5	5.8	8.4
営業活動による キャッシュ・フロー	（百万円）	3,894	4,978	3,818	2,296	△2,792
投資活動による キャッシュ・フロー	（百万円）	△3,728	△1,925	△1,786	△2,297	△2,182
財務活動による キャッシュ・フロー	（百万円）	△139	△2,604	△2,609	△193	4,955
現金及び現金同等物の期末残高	（百万円）	2,842	3,690	3,407	3,110	3,052
従業員数	（名）	4,174 (1,740)	4,077 (1,611)	4,036 (1,584)	4,159 (1,528)	4,365 (1,850)

（注）　1　売上高には、消費税等は含みません。
　　　　2　潜在株式調整後1株当たり当期純利益については、潜在株式がないため記載していません。
　　　　3　従業員数は就業人員であり、臨時従業員は、年間平均雇用人員を（）外数で記載しています。

(2) 提出会社の経営指標等

回次		第122期	第123期	第124期	第125期	第126期
決算年月		平成25年3月	平成26年3月	平成27年3月	平成28年3月	平成29年3月
売上高	(百万円)	78,006	80,590	84,559	87,220	82,399
経常利益	(百万円)	1,845	2,644	3,393	4,988	6,785
当期純利益	(百万円)	3,790	2,065	1,672	3,517	4,443
資本金	(百万円)	5,537	5,537	5,537	5,537	5,537
発行済株式総数	(株)	91,145,280	91,145,280	91,145,280	91,145,280	91,145,280
純資産額	(百万円)	29,808	31,524	33,440	35,595	40,769
総資産額	(百万円)	79,003	78,260	78,631	82,163	94,990
1株当たり純資産額	(円)	353.14	373.59	396.37	422.02	483.46
1株当たり配当額 (1株当たり中間配当額)	(円) (円)	3.50 (2.50)	5.00 (2.00)	5.00 (2.00)	10.00 (3.00)	13.00 (5.00)
1株当たり当期純利益	(円)	44.90	24.47	19.83	41.70	52.69
潜在株式調整後 1株当たり当期純利益	(円)	—	—	—	—	—
自己資本比率	(%)	37.7	40.3	42.5	43.3	42.9
自己資本利益率	(%)	13.5	6.7	5.2	10.2	11.6
株価収益率	(倍)	4.9	9.2	13.0	6.0	8.4
配当性向	(%)	7.8	20.4	25.2	24.0	24.7
従業員数	(名)	1,221 (223)	1,204 (220)	1,188 (218)	1,199 (215)	1,190 (215)

(注) 1　売上高には、消費税等は含みません。
　　　2　潜在株式調整後1株当たり当期純利益については、潜在株式がないため記載していません。
　　　3　従業員数は就業人員であり、臨時従業員は、年間平均雇用人員を（）外数で記載しています。
出所：EDINET

図表2-3 黒崎播磨の貸借対照表・損益計算書・キャッシュ・フロー計算書

1 【連結財務諸表等】

(1) 【連結財務諸表】

① 【連結貸借対照表】

(単位：百万円)

	前連結会計年度 （平成28年3月31日）	当連結会計年度 （平成29年3月31日）
資産の部		
流動資産		
現金及び預金	3,147	3,094
受取手形及び売掛金	33,983	45,214
商品及び製品	9,381	9,122
仕掛品	※3 2,583	※3 2,773
原材料及び貯蔵品	5,740	6,214
繰延税金資産	1,126	1,203
その他	2,814	4,078
貸倒引当金	△151	△183
流動資産合計	58,625	71,518
固定資産		
有形固定資産		
建物及び構築物	38,959	39,464
減価償却累計額	△28,687	△29,253
建物及び構築物（純額）	10,272	10,210
機械装置及び運搬具	58,957	59,964
減価償却累計額	△50,934	△51,872
機械装置及び運搬具（純額）	8,023	8,092
工具、器具及び備品	4,506	4,319
減価償却累計額	△3,957	△3,786
工具、器具及び備品（純額）	549	532
土地	7,344	7,157
建設仮勘定	559	331
有形固定資産合計	26,749	26,324
無形固定資産		
のれん	6,065	5,788
その他	560	552
無形固定資産合計	6,626	6,341
投資その他の資産		
投資有価証券	※1 6,280	※1 8,316
長期貸付金	27	15
退職給付に係る資産	1,590	2,202
繰延税金資産	280	192
その他	※1 1,887	※1 1,968
貸倒引当金	△53	△177
投資その他の資産合計	10,012	12,517
固定資産合計	43,387	45,183
資産合計	102,012	116,702

(単位：百万円)

	前連結会計年度 （平成28年３月31日）	当連結会計年度 （平成29年３月31日）
負債の部		
流動負債		
支払手形及び買掛金	17,022	16,996
短期借入金	5,977	9,369
コマーシャル・ペーパー	4,000	11,854
未払法人税等	1,593	1,722
賞与引当金	2,294	2,575
工事損失引当金	※3 91	※3 28
その他	4,514	4,815
流動負債合計	35,493	47,362
固定負債		
長期借入金	16,009	12,000
繰延税金負債	1,150	2,143
役員退職慰労引当金	421	568
製品保証引当金	3	3
退職給付に係る負債	583	616
負ののれん	107	35
資産除去債務	25	25
その他	3,249	3,171
固定負債合計	21,551	18,564
負債合計	57,044	65,927
純資産の部		
株主資本		
資本金	5,537	5,537
資本剰余金	5,138	5,108
利益剰余金	31,781	35,465
自己株式	△1,581	△1,586
株主資本合計	40,876	44,525
その他の包括利益累計額		
その他有価証券評価差額金	1,136	2,892
繰延ヘッジ損益	△5	△7
為替換算調整勘定	△131	△829
退職給付に係る調整累計額	△917	△135
その他の包括利益累計額合計	81	1,919
非支配株主持分	4,009	4,329
純資産合計	44,967	50,775
負債純資産合計	102,012	116,702

② 【連結損益計算書及び連結包括利益計算書】

【連結損益計算書】

(単位：百万円)

	前連結会計年度 (自　平成27年４月１日 至　平成28年３月31日)		当連結会計年度 (自　平成28年４月１日 至　平成29年３月31日)	
売上高		115,118		108,371
売上原価	※7,※8	94,672	※7,※8	86,161
売上総利益		20,446		22,209
販売費及び一般管理費	※1,※5	14,610	※1,※5	14,533
営業利益		5,836		7,675
営業外収益				
受取利息		39		38
受取配当金		177		124
負ののれん償却額		71		71
持分法による投資利益		95		339
為替差益		255		114
その他		323		277
営業外収益合計		963		966
営業外費用				
支払利息		622		476
債権譲渡損		27		－
固定資産撤去費		69		84
その他		315		236
営業外費用合計		1,033		797
経常利益		5,766		7,844
特別利益				
固定資産売却益	※2	32	※2	6
投資有価証券売却益		24		49
関係会社出資金売却益		－		4
国庫補助金		0		10
その他		6		1
特別利益合計		64		72
特別損失				
固定資産売却損	※3	2	※3	0
固定資産除却損	※4	34	※4	279
投資有価証券評価損		2		－
関係会社出資金売却損		－		39
関係会社出資金評価損		－		9
減損損失	※6	69	※6	264
環境対策費		－		110
その他		12		5
特別損失合計		120		708
税金等調整前当期純利益		5,710		7,207
法人税、住民税及び事業税		1,873		2,550
法人税等調整額		△25		△138
法人税等合計		1,848		2,412
当期純利益		3,861		4,794
非支配株主に帰属する当期純利益		186		368
親会社株主に帰属する当期純利益		3,675		4,426

【連結包括利益計算書】

(単位：百万円)

	前連結会計年度 (自　平成27年4月1日 至　平成28年3月31日)	当連結会計年度 (自　平成28年4月1日 至　平成29年3月31日)
当期純利益	3,861	4,794
その他の包括利益		
その他有価証券評価差額金	△838	1,756
繰延ヘッジ損益	△12	△7
為替換算調整勘定	△2,402	△666
退職給付に係る調整額	△963	781
持分法適用会社に対する持分相当額	△36	△104
その他の包括利益合計	※1　△4,254	※1　1,760
包括利益	△392	6,555
（内訳）		
親会社株主に係る包括利益	△182	6,254
非支配株主に係る包括利益	△210	300

③【連結株主資本等変動計算書】

前連結会計年度(自 平成27年4月1日 至 平成28年3月31日)

(単位：百万円)

	株主資本				
	資本金	資本剰余金	利益剰余金	自己株式	株主資本合計
当期首残高	5,537	5,138	28,628	△1,575	37,729
当期変動額					
剰余金の配当			△506		△506
親会社株主に帰属する当期純利益			3,675		3,675
自己株式の取得				△5	△5
連結範囲の変動					－
持分法の適用範囲の変動					－
非支配株主との取引に係る親会社の持分変動					－
その他			△16		△16
株主資本以外の項目の当期変動額(純額)					
当期変動額合計	－	－	3,152	△5	3,147
当期末残高	5,537	5,138	31,781	△1,581	40,876

	その他の包括利益累計額					非支配株主持分	純資産合計
	その他有価証券評価差額金	繰延ヘッジ損益	為替換算調整勘定	退職給付に係る調整累計額	その他の包括利益累計額合計		
当期首残高	1,974	8	1,909	46	3,939	4,310	45,979
当期変動額							
剰余金の配当							△506
親会社株主に帰属する当期純利益							3,675
自己株式の取得							△5
連結範囲の変動							－
持分法の適用範囲の変動							－
非支配株主との取引に係る親会社の持分変動							－
その他							△16
株主資本以外の項目の当期変動額(純額)	△838	△14	△2,041	△963	△3,857	△301	△4,158
当期変動額合計	△838	△14	△2,041	△963	△3,857	△301	△1,011
当期末残高	1,136	△5	△131	△917	81	4,009	44,967

当連結会計年度(自 平成28年4月1日 至 平成29年3月31日)

(単位:百万円)

	株主資本				
	資本金	資本剰余金	利益剰余金	自己株式	株主資本合計
当期首残高	5,537	5,138	31,781	△1,581	40,876
当期変動額					
剰余金の配当			△1,012		△1,012
親会社株主に帰属する当期純利益			4,426		4,426
自己株式の取得				△5	△5
連結範囲の変動			183		183
持分法の適用範囲の変動			95		95
非支配株主との取引に係る親会社の持分変動		△30			△30
その他			△9		△9
株主資本以外の項目の当期変動額(純額)					
当期変動額合計	―	△30	3,684	△5	3,649
当期末残高	5,537	5,108	35,465	△1,586	44,525

	その他の包括利益累計額					非支配株主持分	純資産合計
	その他有価証券評価差額金	繰延ヘッジ損益	為替換算調整勘定	退職給付に係る調整累計額	その他の包括利益累計額合計		
当期首残高	1,136	△5	△131	△917	81	4,009	44,967
当期変動額							
剰余金の配当							△1,012
親会社株主に帰属する当期純利益							4,426
自己株式の取得							△5
連結範囲の変動							183
持分法の適用範囲の変動							95
非支配株主との取引に係る親会社の持分変動							△30
その他							△9
株主資本以外の項目の当期変動額(純額)	1,755	△1	△697	781	1,838	320	2,158
当期変動額合計	1,755	△1	△697	781	1,838	320	5,807
当期末残高	2,892	△7	△829	△135	1,919	4,329	50,775

第2章 財務諸表の知識 | 21

④【連結キャッシュ・フロー計算書】

(単位：百万円)

	前連結会計年度 (自　平成27年4月1日 至　平成28年3月31日)	当連結会計年度 (自　平成28年4月1日 至　平成29年3月31日)
営業活動によるキャッシュ・フロー		
税金等調整前当期純利益	5,710	7,207
減価償却費	2,832	2,758
減損損失	69	264
のれん償却額	439	386
負ののれん償却額	△71	△71
貸倒引当金の増減額（△は減少）	96	152
賞与引当金の増減額（△は減少）	373	248
退職給付に係る負債の増減額（△は減少）	69	15
その他の引当金の増減額（△は減少）	△8	21
受取利息及び受取配当金	△217	△162
支払利息	622	476
為替差損益（△は益）	△6	△83
持分法による投資損益（△は益）	△95	△339
固定資産売却損益（△は益）	△30	△5
固定資産除却損	34	279
投資有価証券売却損益（△は益）	△23	△47
投資有価証券評価損益（△は益）	2	－
関係会社出資金売却損益（△は益）	－	34
売上債権の増減額（△は増加）	△6,981	△10,548
たな卸資産の増減額（△は増加）	818	△221
仕入債務の増減額（△は減少）	248	△1,718
その他	△644	1,050
小計	3,237	△301
利息及び配当金の受取額	217	399
利息の支払額	△625	△474
法人税等の支払額	△533	△2,415
営業活動によるキャッシュ・フロー	2,296	△2,792

（単位：百万円）

	前連結会計年度 （自　平成27年４月１日 至　平成28年３月31日）	当連結会計年度 （自　平成28年４月１日 至　平成29年３月31日）
投資活動によるキャッシュ・フロー		
固定資産の取得による支出	△2,277	△1,991
固定資産の売却による収入	55	17
固定資産の除却による支出	△69	△195
定期預金の預入による支出	△38	△48
投資有価証券の売却による収入	36	97
関係会社出資金の払込による支出	－	△173
関係会社出資金の売却による収入	－	1
貸付けによる支出	△11	△9
貸付金の回収による収入	35	134
その他	△29	△13
投資活動によるキャッシュ・フロー	△2,297	△2,182
財務活動によるキャッシュ・フロー		
短期借入金の増減額（△は減少）	△4,827	45
コマーシャル・ペーパーの増減額（△は減少）	4,000	7,800
長期借入れによる収入	6,000	－
長期借入金の返済による支出	△4,757	△1,692
自己株式の取得による支出	△5	△5
配当金の支払額	△506	△1,008
非支配株主への配当金の支払額	△87	△74
連結の範囲の変更を伴わない子会社株式の取得 　による支出	－	△100
その他	△9	△8
財務活動によるキャッシュ・フロー	△193	4,955
現金及び現金同等物に係る換算差額	△150	△88
現金及び現金同等物の増減額（△は減少）	△346	△107
現金及び現金同等物の期首残高	3,407	3,110
連結の範囲の変更に伴う現金及び現金同等物の増減 額（△は減少）	－	49
連結子会社の合併による現金及び現金同等物の増減 額（△は減少）	49	－
現金及び現金同等物の期末残高	※1　3,110	※1　3,052

出所：EDINET

第2部　企業の絶対的評価

第3章

企業の合併価値

❶ M＆Aとは何か

　こうして行われる企業評価には，前述の通り，相対的評価と呼ばれるものと絶対的評価（個別的評価）と呼ばれるものとがある。前者は，自らの価値を他の比較対象との相対的な比較によって評価しようという考え方によるもので，具体的には財務諸表分析を，その中心的な内容としている。これに対して絶対的評価（個別的評価）と呼ばれるものは，その名の通り，他の企業との比較対象を前提とせず，当該企業が産み出す富を個別的に測定し，その価値を何らかの方法で評価しようという発想による方法である。具体的にはキャッシュ・フローの集積値として，そして，買収対象としての企業価値の算出という目的を達成するために行われるものである。以下では，絶対的評価（個別的評価）と呼ばれるものについて，仮説例をまじえながら考察しよう。

　企業の合併（Mergers）・買収（Acquisitions）をM＆A（エム・アンド・エー）と呼び，"Mergers and Acquisitions" の略である。ここでの評価の目的は，候補企業を購入して合併（M＆A）するための購入価額算定にある。その算定にあたっては，M＆A実施後に発生するであろうシナジー効果も含めて，その企業買収を1つの投資案件と考え，DCF法により評価を行う。それにより購入価額の上限値を算出し，経営者の意思決定の資料とする。ここで算出する企業価値（シナリオに基づく）は，あくまで買収企業側からみたシナジー効果を含めた被買収企業の価値（買収価額）である。

　M＆Aは，買収する企業（買収企業）が買収される企業（被買収企業）の支配権を獲得し，吸収したり，傘下におさめたりすることである。その際，買収企業が存続会社として残り，被買収企業が消滅するのが合併（Merger）であり，買収企業が被買収企業の過半数の株式を取得して，被買収企業の支配権を移行させるのが買収（Acquisition）である。これは，関係会社同士の合併や他の企業の買収でグループ再編を行ったり，あるいは新しい分野への進出・強化を図ったりすることなどを目的に実施されるものである。その主なメリットとして，すでに実績のある事業を新しく手に入れられるため，新たな事業の立ち上げや新規ブランド構築等の時間や手間を省けたり，短期間で売上や利益を上乗せできる，スケールメリットを活かしてコスト削減が図れたりすることなどがあげられている。また，具体的な手法としては，株式譲受（株式譲渡）や新株引受，株式交換，事業譲渡（一部，全部），合併（吸収，新設），会社分割（吸収，新設），株式持ち合い，合弁会社設立などさまざまなものがあり，その実行にあたっては，個々の案件で最適な手法を選択することになる。

第3章　企業の合併価値　| 27

M＆Aの目的は，業界再編成，競争力の強化，救済など様々な形を取りながら，被買収企業だけでなく，後述の「シナジー効果」を引き起こすことによって，買収企業全体の企業価値をも高めていくことである。M＆Aは，水平的合併，垂直的合併，製品拡大型合併，市場拡大型合併，コングロマリット型合併などに分けることができる。

② シナジー価値

M＆Aの主要な動機の1つは，シナジー（synergy，相乗効果）の創出である。一般的には，シナジーが創出されるのは，個々の企業価値を合算した価値よりも，M＆A後の企業価値が上回る場合である。シナジー創出の要因として，需要・供給の変化，技術上のイノベーション，買手企業の目的にかなった投資，規模の経済（economy of scale），範囲の経済（economy of scope），生産技術の改善，補完的な資源の組み合わせ，より収益性が高い利用目的への資源の移転，市場競争力の開拓などが指摘されている。

M＆Aの主要な動機の1つは，このようなシナジーの創出である。M＆Aでは，シナジー効果も含めたフリーキャッシュ・フローをもとにバリュエーションを行う。シナジーとは，買収後の両社の将来キャッシュ・フローの現在価値が，買収前の両社の将来キャッシュ・フローの現在価値の和を上回る金額のことである。シナジーは大きく分けて，売上高シナジーとコストシナジーに分類することができ，シナジーが発生している状況は，両社の単純合算と比べて将来の売上高が増加しているか，将来のコストが減少しているか，もしくは両方を達成しているかのいずれかとなる。

このように，シナジー効果（synergy effect）とは，2つの要素が組み合わさることにより，1つの効果以上に結果を上げることができるという理論のことをいう。

複数の企業がアライアンス（協働）をすることによって有利に事業が展開される場合や，1つの企業内の別々の事業部門が協働することで，やはり有利に事業が展開される場合，シナジー効果が発揮されたことになる。例えば，銀行が小売店に支店を出す場合，銀行は支店の経費を安く出せる上，顧客へのサービス向上，新規顧客の開拓ができる。一方，小売店からすると，スペースを提供する料金収入のほかに，来客数の増加が見込めるなどの相乗効果が得られる。企業が経営多角化戦略を行う場合，新しい製品を追加した時，単に利益を合計したよりも，より大きな効果が生ずることを意味する。新製品を追加する時，遊休設備を利用できるとか，既存の技術が用いられる場合や，販売面でも同じ流通経路を流用できるなどで，シナジー効果は生まれる。

1つの規模の中に複数のビジネススタイルを融合させることにより相乗効果を発揮して，その結果，利益を上げることができるため，組織を一から作り上げる必要がなく利益を生むことができるというビジネス理論がある。近年よく見受けられるコンビニエンスストアとDVDショップの同期店や，ガソリンスタンドとベーカリーショップの同期店などがその一例といえるであろう。業務提携などを行い規模の拡大をするというのが，一般的なパターンのようである。

各々の利点や権利をうまく融合すれば，さまざまな効果を生むことができるので，経営者として企業を目指す方は覚えておいたほうが良い理論の1つといえるであろう。

例えば，同業会社とのM＆A（水平型M＆Aという）では，重複部門のカットや重複投資を減らす効果が期待できる。また，製造会社と販売会社とのM＆A（垂直型M＆Aという）では，川上と川下が1つの企業に収まることにより，相互補完が可能となるといったメリットがある。

このシナジー効果をいかに測定するかが，買収価額決定の重要な鍵となる。アンゾフ：企業戦略論（広田寿亮訳，産能大出版，1969）によれば，シナジー効果は次のように分類される。

①販売シナジー：さまざまな製品に対し，共通の流通経路や販売管理組織などを利用するときに，例えば製品需要の創造，販売促進活動，輸送費の節約などの面で起こるもの。

②操業シナジー：施設と人員の高度な活用，間接費の分散，共通の習熟曲線に基づく利点，一括大量購入により，例えば購買管理（原材料の購入など），製造管理の状況（設備の状況，人件費格差など）といった面で起こるもの。

③投資シナジー：設備・資産の共同利用，原材料の共同在庫，類似製品に対する研究開発の残存効果といった結果により，例えば既存特許権の使用，開発中の製品の取得などの面で起こるもの。

④マネジメントシナジー：新規事業に進出し，経営者が新しい問題に直面したとき，それが過去に遭遇したものと同じであれば，冒険的事業の強力かつ有効な推進者となる。

❸ M＆A対象企業の価値計算の方法

事業価値を算定するには，フリーキャッシュ・フローと残存価値を，割引率（資本コス

ト）を用いて現在価値に割り引く。

① フリーキャッシュ・フローとは何か

　企業が本来の事業活動等によって生み出すキャッシュ・フローのことを，フリーキャッシュ・フロー（Free Cash Flow, FCF）という。ここでいう「フリー」とは，企業が資金の提供者（金融機関，社債権者，株主など）に対して自由（フリー）に分配できるという意味である。一般的には，本業から稼ぎ出される「営業キャッシュ・フロー」から，設備投資や企業買収に充当される「投資キャッシュ・フロー」を差し引いたキャッシュ・フローのことを指す。　この「フリー」というのは，「企業に対して投資してくれたすべての投資家や債権者に対して自由に使えるキャッシュ」を意味している。まず本業で稼ぎ出したお金があり，そこから設備投資などに使った分を差し引いて，残りのお金が「投資家に自由に還元できるお金（フリーキャッシュ・フロー）」になる，と考えると理解しやすいであろう。

　その使途として考えられるのは，借り入れの返済や株主への配当，自社株買いなどである。

　フリーキャッシュ・フローは，事業やプロジェクトの経済的価値を評価する際，将来得られるキャッシュ・フローを適切な割引率で割り引き，現在価値を求めるというのがファイナンスのオーソドックスな考え方である。

　そうした経済的価値の評価をする際に用いるのが，フリーキャッシュ・フロー（FCF）である。FCF は，投資家（債権者および株主）に対して利払いや配当などにあてることのできる，債権者と株主に帰属するキャッシュ・フローといえ，利子費用をいったん無視し，無借金を仮定した場合のキャッシュ・フローと捉えることができる。無借金を仮定するのは，プロジェクトのリターンを，いったん資金調達法から切り離して見るためである。そして資金調達法の影響は，割引率となる資本コストに反映させることで見るのがファイナンスの考え方である。

　FCF には，損益計算書から導かれる項目と，貸借対照表から導かれる項目の両方が入っている。したがって，将来の FCF を計算するためには，予測損益計算書と予測貸借対照表の両者を作成することが本来は求められる。ただし実務では，数年にわたる予測貸借対照表を作成することは難しいため，運転資本は売上げの一定比率とするなどの簡便法を用いる場合も多い。

　フリーキャッシュ・フローは，簡便には，

$$\text{フリーキャッシュ・フロー＝税引後営業利益＋減価償却費－増加運転資本額}$$
$$-設備投資額等$$

と表されるが，以下の算式がより包括的である。

$$\text{フリーキャッシュ・フロー＝ NOPAT －（事業関連）投下資本の純増額}$$

　NOPAT（Net Operating Profit After Tax）とは，税引後の事業関係利益のことである。事業関係利益はおおまかには営業利益を指すが，営業外損益中でも財務関連以外の棚卸評価損，為替差損益，技術指導料などは事業関係と考えられ，特別損益項目にも貸倒引当金戻入益など事業関係のものが含まれるので，正確にはこれらを加減すべきである。さらに，営業外項目として計上されている投資持分益なども事業関係のものとして含めることが一般的である。NOPAT は資本構成に左右されない最終利益なので，金利の節税効果を除くために借入ゼロの場合の想定税額を控除する。損益計算書から導かれる事業関係損益である NOPAT をフリーキャッシュ・フローに変換するには，損益計算書上は費用であるものの，実際には現金が流出しない費目（例えば，減価償却費やのれん償却費）を足し戻して，損益計算書上は費用ではないが，実際には現金が流出する費目（設備投資額や純運転資本の増加額など）を差し引く。残存価値を永久還元法で求める場合，予測期間以降のフリーキャッシュ・フローが定率成長すると仮定する。したがって，急成長企業の場合は成熟段階に達するまで，大規模設備投資直後の企業の場合は投資効果が一巡するまで，景気循環的な産業の場合は市況のサイクルが１循環するまでの収支予測を行うことが望ましい。

② 残存価値

　事業価値は，将来フリーキャッシュ・フローの現在価値合計である。もしフリーキャッシュ・フローを未来永劫予測すれば残存価値を考える必要はないが，実際には 10 年程度の期間を超えて詳細な予測を行うことは現実的でないため，その後のフリーキャッシュ・フローの価値を別途算定する必要が生じる。この予測期間以降のフリーキャッシュ・フローの価値を簡便に算出したものが，残存価値（Terminal Value, Scrap Value）である。

　残存価値にはいろいろな算定法があるが，（1）永久還元法と（2）マルチプル法，の２つが一般的な方法である。なお，これらの方法により算定された残存価値は，予測最終期

時点での将来価値であるので，事業価値の算定に際しては，さらに評価時点の現在価値に割り引く必要がある。

永久還元法（Perpetuity Method）は，キャッシュ・フロー永久成長法とも呼ばれる。「予測期間後フリーキャッシュ・フローは定率で成長する」という単純化した仮定を置いて，未来永劫のフリーキャッシュ・フローの現在価値を求める。いま，予測最終期（第N期）の翌期のフリーキャッシュ・フローをFCFN+1，永久成長率をg，割引率をrとすると，予測最終期以降のフリーキャッシュ・フローの割引現在価値の合計（＝残存価値：TV）は，以下の算式で表される。

$$残存価値 = \frac{FCF_{N+1}(1+g)}{1+r} + \frac{FCF_{N+1}(1+g)^2}{(1+r)^2} + \cdots\cdots = \frac{FCF_{N+1}}{r-g}$$

この時留意すべき点は，予測最終期の翌期のフリーキャッシュ・フローについて，一時的な収益および費用要因等を除いた平準化（Normalization）したものでなければならないことである。永久還元法の1つの弱点は，成長に際しての追加投資とその収益率の関係が明示的に考察されていないことである。

マルチプル法（Multiple Method）は，予測最終期の利益額に適当な利益倍率を乗じて残存価値を算出する手法である。実務でよく使われるのが，オペレーティングプロフィット（≒営業利益）に，資金流出のない減価償却費およびのれん償却費を足し戻した粗金利償却前利益（Earnings Before Interest, Tax, Depreciation and Amortization），すなわちEBITDAをベースとしたEBITDA倍率である。

算式は，

予測最終期のEBITDA×適切なEBITDA倍率

である。

この場合，予測期間の最終時点における利益（償却費を差し戻した後の営業利益）を予測し，妥当なEBITDA倍率を掛け合わせて，そこから有利子負債を差し引いて株主の価値を算出する。

マルチプル法は，株式市場でつけられた株価を使うことからマーケット・アプローチとも呼ばれており，それは「ある会社の企業価値と一定の財務数値の間に成り立つ関係は，その会社に似ている会社にも成り立つ」という考え方によるものである。

第4章

仮説企業の
数値による例題

このたび南大幸総業は，懸案だった，同一業界の東矢田産業との合併計画を実行するべく，この計画のメリットをめぐって，東矢田産業の企業価値を算出することになった。そこで，与えられた数値を用いて，東矢田産業の企業価値を算出することとする。なお，FCF（フリーキャッシュ・フロー）の算出にあたっては，①今後10年間を time horizon（計画期間）とし，②その後の残存価額をも勘定に入れる。①と②の合計金額をもとに最終的な企業価値を計算する。

図表４－１　貸借対照表（買収直前）

《南大幸総業》（単位：百万円）

資　産	簿　価	負債・純資産	簿　価
流動資産	18,196	負債	21,530
（現預金）	9,082	（買掛債務）	3,255
（売掛債権）	2,761	（借入金）	13,655
（棚卸資産）	872	（その他）	4,620
（その他）	5,481		
固定資産	7,923	純資産	4,589
（償却資産）	1,575	（株主資本）	3,397
（土地）	4,258	（評価・換算差額等）	260
（その他）	2,090	（新株予約権）	932
合　計	26,119	合　計	26,119

注）有利子負債 13,655　　自己資本（時価）12,988

《東矢田産業》（単位：百万円）

資　産	簿　価	負債・純資産	簿　価
流動資産	7,456	負債	8,428
（現預金）	2,476	（買掛債務）	1,596
（売掛債権）	2,400	（借入金）	4,840
（棚卸資産）	1,020	（その他）	1,992
（その他）	1,560		
固定資産	3,180	純資産	2,208
（償却資産）	1,320	（株主資本）	936
（土地）	540	（評価・換算差額等）	612
（その他）	1,320	（新株予約権）	660
合　計	10,636	合　計	10,636

注）設備投資額 210

図表４－２　損益計算書（買収直前）

（単位：百万円）

	《南大幸総業》	《東矢田産業》
売上高	23,087	15,320
売上原価	20,514	13,354
粗利益	2,573	1,966
販管費	2,123	1,333
営業利益	450	633
営業外利益	360	100
経常利益	810	733
税引後利益	389	352

注）減価償却費（東矢田産業）　　210

❶ 基本モデル

1 一般的な前提

売上高に関しては，市場全体が2.2%／年という成長率でずっと拡大していくことが想定される。また，同時に売上原価は1.8%／年，販管費は1.0%／年で増えていくものと思われる。

また，合併せずにまったくシナジー効果がない場合には，設備投資等は毎年均等で，減価償却費に等しいものとし，運転資本の増加はないものとする。法人税率は常に53%である。

2 想定されるシナジー効果の項目別算出根拠（図表４－３）

以下の説明は，図表４－３「想定されるシナジー効果」における各項目の「算出根拠」を詳説したものである。それぞれの番号（①〜⑪）は，表における各項目の番号に対応したものである。

図表４－３ 想定されるシナジー効果

項　目	シナジー効果の区分		シナジー項目の内訳	1年	2年	3年	4年	5年	6年	7年	8年	9年	10年	算出根拠および備考
売上高	販売シナジー①	プラス	南大幸総業の店舗，東矢田産業の店舗双方で全く同じように買い物ができることによる増販効果（直売店舗のメリット）。											①
	販売シナジー②	プラス	業界中堅クラス同士の合併によるマーケットシェアの飛躍的増大で，プライスリーダーとなり，従来より有利に価格形成しうる。											②
売上原価・販管費	操業シナジー①	プラス	物流コスト・輸送費が，倉庫ネットワークなどの効率化により削減される。											③
	操業シナジー②	マイナス	人員合理化に伴う退職手当。	25	25	25	25	25	25					④
販管費	操業シナジー	プラス	役員を含む人員の合理化，社内の部門等の改廃・統合による販管費の削減。											⑤
	投資シナジー	プラス	両社でダブって二重に行われていた研究開発費の削減効果。											⑥
	販売シナジー	プラス	広告宣伝費の一本化による削減。（南大幸総業40／年，東矢田産業20／年）											⑦
営業外収支	投資シナジー	プラス	金融収支の改善。											⑧
特別収支	投資シナジー	プラス	両社の重複商品輸送拠点の処分。		45	45	45	45						⑨
投　資	投資シナジー	マイナス	情報処理センターの統合にあたって必要な改良投資。	25	35									⑩
減価償却費	－	－	減価償却費の調整。		12	12	12	12	12					⑪

36

①同業他社の過去のM＆A後の事例から，1年目は両社合併直前年度の売上高の
　+0.25% とし，2年目以降は，業界の需要予測に基づき，対前年度比2.2%／年の成長
　率を設定した。

②価格影響力が強化され，1年目は両社の売上高の合計の0.25% の販売シナジー（売上
　高の増加）があるものとし，2年目以降は，対前年度比2.2%／年の成長率を設定した。

③1年目は，買収直前年度の物流コスト（南大幸総業1,300百万円，東矢田産業650百万円）
　のうち，▲16% を削減目標とする。2年目以降は，対前年度比で2.2% の成長率を設
　定した。

④人員合理化計画に基づき，合計150百万円を1年目から6年間，均等に支出せざるを
　えないことになった。

⑤1年目は両社買収直前年度の販管費の▲7% を削減し，その後は人員合理化計画に基
　づいて，2〜5年目は前年度×1.1（1+10%）とし，6年目以降は5年目と同じとする。

⑥研究開発費を両社買収直前年度の売上高の▲0.15% 分削減する。この金額を10年目
　まで毎年続けていく。

⑦両社買収直前年度の広告宣伝費の▲30% を削減する。この金額を10年目まで毎年続
　けていく。

⑧調達方法改善により，両社買収直前年度の有利子負債▲0.15%。2〜5年目に，重複
　商品輸送拠点の売却処分に伴う余資の運用で年率3% の収益を得られる。

⑨合併により発生する，商品輸送拠点のダブリ，すなわち互いに近接してしまう倉庫な
　どの処分による特別収支。

⑩両社買収直前年度の売上高の一部を見積もり，計上してある。

⑪⑩の投資に伴う調整額。

3　結　果

（1）東矢田産業がもたらす予想 FCF（シナジーを考慮しない場合）

1）与えられた前提条件の図表4−2「損益計算書」から東矢田産業の売上高15,320 を
　抜き出し，0年目の売上高とする。1年目以降の売上高は「1　一般的な前提」に基づ
　き，「前年度の売上高×1.022（＝1+2.2%）」とする。

2）図表4−2「損益計算書」から東矢田産業の売上原価13,354 を抜き出し，0年目の売
　上原価とする。1年目以降の売上原価は「1　一般的な前提」に基づき，「前年度の売
　上原価×1.018（＝1+1.8%）」とする。

3) 図表4－2「損益計算書」から東矢田産業の販管費1,333を抜き出し，0年目の販管費とする。1年目以降の販管費は「1　一般的な前提」に基づき，「前年度の販管費×1.1（=1+10%）」とする。

4)「売上高－売上原価－販管費」で各年度の営業利益を算出する。

5)「1　一般的な前提」に基づき，「営業利益×0.53（=53%）」で各年度の法人税等を算出する。

6)「営業利益－法人税等」で各年度の金融費用差引前利益を算出する。

7) 図表4－1「貸借対照表（買収直前）」の東矢田産業の設備投資額210百万円，図表4－2「損益計算書」の東矢田産業の減価償却費210および「1　一般的な前提」に基づき，減価償却費等と設備投資等は毎年210，運転資本増加分は0とする。

8)「金融費用差引前利益＋減価償却費等－設備投資等－運転資本増加分」で各年度のFCFを算出する。以上を行ったものが図表4－4である。

図表4－4　東矢田産業がもたらす予想ＦＣＦ（シナジー効果がない場合）

	0	1	2	3	4	5	6	7	8	9	10
売上高	15,320	15,657	16,001	16,354	16,713	17,081	17,457	17,841	18,233	18,634	19,044
売上原価	13,354	13,594	13,839	14,088	14,342	14,600	14,863	15,130	15,403	15,680	15,962
販管費	1,333	1,346	1,360	1,373	1,387	1,401	1,415	1,429	1,443	1,458	1,472
営業利益	633	716	803	892	984	1,080	1,179	1,281	1,387	1,497	1,610
（－法人税）	335	380	425	473	522	572	625	679	735	793	853
金融費用 差引前利益	298	337	377	419	463	508	554	602	652	703	757
＋減価償却費等	210	210	210	210	210	210	210	210	210	210	210
（－設備投資等）	210	210	210	210	210	210	210	210	210	210	210
ＦＣＦ	298	337	377	419	463	508	554	602	652	703	757

（2）想定されるシナジー

　それぞれの番号（①〜⑪）および算出根拠は，「2　想定されるシナジー効果の項目別算出根拠」および想定されるシナジー効果に従う。

　①南大幸総業の売上高と東矢田産業の売上高の合計額38,407×0.0025（=0.25%）を1年目とし，2年目以降は「前年度×1.022（=1+2.2%）」とする。

　②これも，南大幸総業の売上高と東矢田産業の売上高の合計額38,407×0.0025（=0.25%）を1年目とし，2年目以降は「前年度×1.022（=1+2.2%）」とする。

③南大幸総業の物流コストと東矢田産業の物流コストの合計額 1,950 × 0.16（＝16%）を1年目とし，2年目以降は「前年度× 1.022（＝1 ＋ 2.2%）」とする。

④想定されるシナジー効果をそのままコピーする。

⑤南大幸総業の販管費と東矢田産業の販管費の合計額（2,123+1,333）3,456 × 0.07（＝7%）を1年目とし，2〜5年目は「1.1（＝1+10%）×前年度」とし，6年目以降は5年目と同じにする。

⑥研究開発費は南大幸総業の売上高と東矢田産業の売上高の合計額 38,407 × 0.0015（＝0.15%）を1年目とし，2年目以降は1年目と同じにする。

⑦南大幸総業の広告宣伝費と東矢田産業の広告宣伝費の合計額 60 × 0.3（＝30%）を1年目とし，2年目以降は1年目と同じにする。

⑧南大幸総業の有利子負債（借入金）と東矢田産業の有利子負債（借入金）の合計額 18,495 × 0.0015（＝0.15%）を1年目とし，2年目は1年目と同じにする。3〜6年目は「前年度＋｛重複商品輸送拠点の処分× 0.03（＝3%）｝」とし，7年目以降は6年目と同じにする。

⑨〜⑪想定されるシナジー効果をそのままコピーする。

以上を行ったものが図表4－5である。

図表4－5　想定されるシナジー効果の合計

年度	0	1	2	3	4	5	6	7	8	9	10
南大幸総業の売上高	23,087										
東矢田産業の売上高	15,320										
①両社の合計	38,407	96	98	100	102	105	107	109	112	114	117
②市場価格形成への効果		96	98	100	102	105	107	109	112	114	117
南大幸総業の物流コスト	1,300										
東矢田産業の物流コスト	650										
両社の合計	1,950										
③売上原価・販管費削減		312	319	326	333	340	348	356	363	371	380
④退職手当		25	25	25	25	25	25				
南大幸総業の販管費	2,123										
東矢田産業の販管費	1,333										
両社の合計	3,456										
⑤販管費削減		242	266	293	322	354	354	354	354	354	354
⑥研究開発費削減		58	58	58	58	58	58	58	58	58	58
南大幸総業の広告宣伝費	40										
東矢田産業の広告宣伝費	20										
両社の合計	60										
⑦広告宣伝費削減		18	18	18	18	18	18	18	18	18	18
南大幸総業の有利子負債	13,655										
東矢田産業の有利子負債	4,840										
両社の合計	18,495										
⑧金融収支改善		28	28	29	31	32	33	33	33	33	33
⑨重複商品輸送拠点の処分			45	45	45	45					
⑩情報処理センターの統合		25	35								
⑪減価償却費の調整			12	12	12	12	12				

（3）東矢田産業がもたらす予想 FCF（想定されるシナジー効果）

1）番号（①～⑪）がついているものの算出は，先述の「2. 想定されるシナジー」の手順に従う。ただし，1年目の値を計算で出すものは，図表4－5の値を整数のまま（小数点以下無視）使用する。そのため，図表4－5の値と一部異なるものがある。

2）「①＋②」で各年度の売上高を算出し，また，売上原価は算出しない。

3）「③物流コスト等＋⑦広告宣伝費＋⑤人員合理化等－④一時退職金＋⑥研究開発費－⑪減価償却費」で，各年度の販管費を算出する。

4）「⑧金融収支＋⑨重要資産売却」で各年度の営業外収支等を算出する。

5）「⑩情報処理センター統合化」で，各年度の設備投資を算出する。

以上を行ったものが図表4－6である。

図表４－６　東矢田産業がもたらす予想ＦＣＦ（想定されるシナジー効果）

年　　度	1	2	3	4	5	6	7	8	9	10
①	96	98	100	102	105	107	109	112	114	117
②	96	98	100	102	105	107	109	112	114	117
売上高	192	196	201	205	209	214	219	224	229	234
売上原価										
販管費	605	624	657	694	733	741	785	793	801	809
③物流コスト等	312	319	326	333	340	348	356	363	371	380
⑦広告宣伝費	18	18	18	18	18	18	18	18	18	18
⑤人員合理化等	242	266	293	322	354	354	354	354	354	354
④一時退職金	25	25	25	25	25	25				
⑥研究開発費	58	58	58	58	58	58	58	58	58	58
⑪減価償却費		12	12	12	12	12				
営業外収支等	28	73	74	76	77	33	33	33	33	33
⑧金融収支改善	28	28	29	31	32	33	33	33	33	33
⑨重複商品輸送　拠点の処分	0	45	45	45	45	0	0	0	0	0
設備投資	25	35								
⑩情報処理　センターの統合	25	35								

（4）東矢田産業がもたらす予想ＦＣＦ（シナジーを考慮した場合）

1）「図表４－４の売上高＋図表４－６の売上高」で各年度の売上高を算出する。

2）「図表４－４の売上原価＋図表４－４の販管費＋図表４－６の販管費」で各年度の合計を算出する。

3）「売上高－2）の合計」で各年度の営業利益を算出する。

4）図表４－６の営業外収支等を各年度の臨時損益等とする。

5）「営業利益＋臨時損益等」で各年度の合計を算出する。

6）「1　一般的な前提」に基づき，「5）の合計× 0.53（＝53%）」で各年度の法人税等を算出する。

7）「5）の合計－法人税等」で各年度の金融費用差引前利益を算出する。

8）「図表４－４の減価償却費等＋図表４－６の減価償却費」で各年度の減価償却費等を算出する。

9）「図表４－４の設備投資等＋図表４－６の設備投資」で各年度の設備投資等を算出する。

10）「金融費用差引前利益＋減価償却費等－設備投資等」で各年度のＦＣＦを算出する。

以上を行ったものが図表4－7である。ただし，FCFの現在価値については後述の「5　11年目以降の東矢田産業のFCF（残余価値）と企業価値（10年間のケースのみ）」で採り上げる。

　なお，割引率は0.1，すなわち10%とする。

(5) 11年目以降の東矢田産業のFCF（残余価値）と企業価値（10年間のケースのみ）

　1）図表4－7から10年目のFCF|FCF（10）|1,262を，割引率（r）0.1（=10%）を，「1　一般的な前提」から成長率（g）0.022（=2.2%）をそれぞれ抜き出し，「FCF（10）／（r-g）」で11年目以降の東矢田産業のFCF（残余価値=RV）を算出する。

　2）RVは10年後の値なので「RV／（1+r）10」でその現在価値を算出する。

　3）「図表4－7のシナジーを考慮した場合の予想FCF／（1+r）（年）」で各年度のFCFの割引現在価値を算出し，それを合計してFCFの10年分の流列の割引現在の総和（5,858）を算出する。ただし，この作業のみ図表4－7で行っている。

　4）「FCFの10年分の流列の割引現在価値の総和+RVの現在価値」で合計を算出する。

　5）図表4－1「貸借対照表（買収直前）」から，東矢田産業の流動資産（現預金）2,476を現金・預金として，また，負債（借入金）4,840を有利子負債としてそれぞれ抜き出し，「4）の合計＋現金・預金－有利子負債」で東矢田産業の企業価値を算出する。

以上を行った結果が図表4－7の最後である。

この表から，東矢田産業の企業価値は9,733百万円であることがわかる。

図表4－7　東矢田産業がもたらす予想ＦＣＦ（シナジー効果を考慮した場合）

年度	0	1	2	3	4	5	6	7	8	9	10
売上高	15,320	15,657	16,001	16,354	16,713	17,081	17,457	17,841	18,233	18,634	19,044
①		96	98	100	102	105	107	109	112	114	117
②		96	98	100	102	105	107	109	112	114	117
シナジー効果		192	196	201	205	209	214	219	224	229	234
売上高		15,849	16,198	16,554	16,918	17,290	17,671	18,060	18,457	18,863	19,278
（－）売上原価	13,354	13,594	13,839	14,088	14,342	14,600	14,863	15,130	15,403	15,680	15,962
（－）販管費	1,333	1,346	1,360	1,373	1,387	1,401	1,415	1,429	1,443	1,458	1,472
同小計	14,687	14,941	15,199	15,462	15,729	16,001	16,278	16,559	16,846	17,138	17,435
シナジー効果		605	624	657	694	733	741	785	793	801	809
同合計		14,336	14,575	14,804	15,035	15,268	15,537	15,774	16,053	16,337	16,625
営業利益		1,513	1,622	1,750	1,883	2,023	2,134	2,286	2,404	2,526	2,653
臨時損益等		28	73	74	76	77	33	33	33	33	33
税引前利益		1,541	1,695	1,824	1,959	2,100	2,167	2,319	2,437	2,559	2,686
（－）法人税等		817	899	967	1038	1113	1149	1229	1292	1357	1423
金融費用差引前利益		724	797	857	921	987	1,019	1,090	1,145	1,203	1,262
（＋）減価償却費等		210	210	210	210	210	210	210	210	210	210
同調整額			12	12	12	12	12				
（＋）減価償却費等合計		210	222	222	222	222	222	210	210	210	210
（－）設備投資等		210	210	210	210	210	210	210	210	210	210
		25	35								
（－）設備投資等合計		235	245	210	210	210	210	210	210	210	210
ＦＣＦ		699	774	869	933	999	1,031	1,090	1,145	1,203	1,262
現在価値	5,858	636	640	653	637	620	582	559	534	510	487

↑

現在価値合計　　　r＝0.1　　g＝0.022

| 残存価額 | 6,239 | | | | | | | | | | 6,239 |

東矢田産業の買収価値総額　➡　9,733

第4章　仮説企業の数値による例題　｜　43

『企業価値の計算』補足説明

　被買収企業の価値の計算について，いくつか説明を補足する。分析（作業）の流れは次の通りである。

①両者の合併直前の財務諸表から，フリーキャッシュ・フローを算出するのに必要なデータをとる。これは $t＝0$ のデータとなる。

②合併のシナリオにしたがい，合併後の10年間のフリーキャッシュ・フローを計算する（ただしその際，さまざまな「シナジー効果」が発生するため，そこで与えられた「算出根拠」にしたがって，前述の計算方法にしたがって，$t＝1$ から $t＝10$ までフリーキャッシュ・フローを算出する）。

③次に，それらのフリーキャッシュ・フローの10年分の流列の割引現在価値の総和を計算する。

④こうして算出された被買収企業の今後10年のフリーキャッシュ・フローの現在価値合計の他に，この企業の10年後の残存価値を計算する必要がある。これは，10年後のフリーキャッシュ・フローの値がそのまま永久に続くと仮定した場合のその合計値をもって替える。ただし，毎期の成長率という前提も同時に考慮する必要がある。

⑤④で算出された値は10年後の値だから，その現在価値を計算する。

⑥③で計算された値と，⑤で計算された値を合計して，被買収企業の価値の値とする。ただし，この教科書にある通り，それになお多少の修正を加える。

《練習問題》

　このたび錦産業は，懸案だった，永年のつきあいである同一業界の緑ヶ丘実業との合併計画を実行するべく，この計画のメリットをめぐって，緑ヶ丘実業の企業価値を算出することになった。そこで，前述の計算方法に従い，次の数値を用いて緑ヶ丘実業の企業価値を算出する。なお，ＦＣＦの算出にあたっては，①今後10年間を計画期間とし，②その後の残存価額をも勘定に入れる。①と②の合計金額をもって最終的な企業価値とする。

図表4－8　貸借対照表（買収直前）

《錦産業》 （単位：百万円）

資　産	簿　価	負債・純資産	簿　価
流動資産	17,330	負債	18,60
（現預金）	8,650	（買掛債務）	3,100
（売掛債権）	2,630	（借入金）	11,100
（棚卸資産）	830	（その他）	4,400
（その他）	5,220		
固定資産	5,640	純資産	4,370
（償却資産）	1,500	（株主資本）	3,370
（土地）	2,150	（評価・換算差額等）	400
（その他）	1,990	（新株予約権）	600
合　計	22,970	合　計	22,970

注）有利子負債 11,100　　自己資本（時価）11,100

《緑ヶ丘実業》 （単位：百万円）

資　産	簿　価	負債・純資産	簿　価
流動資産	5,380	負債	6,190
（現預金）	1,230	（買掛債務）	1,330
（売掛債権）	2,000	（借入金）	3,200
（棚卸資産）	850	（その他）	1,660
（その他）	1,300		
固定資産	2,650	純資産	1,840
（償却資産）	1,100	（株主資本）	1,300
（土地）	450	（評価・換算差額等）	340
（その他）	1,100	（新株予約権）	200
合　計	8,030	合　計	8,030

注）設備投資額 109

図表4－9　損益計算書

（単位：百万円）

	《錦産業》	《緑ヶ丘実業》
売上高	19,800	11,010
売上原価	17,919	9,854
粗利益	1,881	1,156
販管費	1,742	958
営業利益	139	198
営業外利益	331	16
経常利益	470	214
税引後利益	235	107

注）減価償却費（緑ヶ丘実業）109

（ⅰ）一般的な前提

　売上高に関しては，市場全体が2.1％／年という成長率でずっと拡大していくことが想定される。また，同時に売上原価，販管費は2.0％／年で増えていくものと思われる。

　また，合併せずにまったくシナジー効果がない場合には，設備投資等は毎年均等で，減価償却費に等しいものとし，運転資本の増加はないものとする。法人税率は常に48％である。

（ⅱ）想定されるシナジー効果の項目別算出根拠（別表）

　以下の説明は，別表「想定されるシナジー効果」における各項目の「算出根拠」を詳説したものである。それぞれの番号（①〜⑪）は，表における各項目の番号に対応したものである。

①同業他社の過去のM＆A後の事例から，1年目は両社合併直前年度の売上高の＋0.2％とし，2年目以降は，業界の需要予測に基づき，対前年度比2.1％／年の成長率を設定した。

②価格影響力が強化され，1年目は両社の売上高の合計の0.1％の販売シナジー（売上高の増加）があるものとし，2年目以降は，対前年度比2.1％／年の成長率を設定した。

③1年目は，買収直前年度の物流コスト（錦産業1,000，緑ヶ丘実業500）のうち，▲15％を削減目標とする。2年目以降は，対前年度比で2.1の成長率を設定した。

④人員合理化5か年計画に基づき，合計120を1年目から5年間支出せざるをえないことになった。

⑤1年目は両社買収直前年度の販管費の▲5％を削減し，その後は人員合理化5か年計画に基づいて，5年目まで対前年シナジー効果の▲10％とする。

⑥研究開発費を両社買収直前年度の売上高の▲0.2％分を削減する。

⑦両社買収直前年度の広告宣伝費の▲30％を削減する。この金額を10年目まで毎年続けていく。

⑧調達方法の改善により，両社買収直前年度の有利子負債▲0.3％，2〜5年目に重複商品輸送拠点の売却処分に伴う余資の運用で年率5％の収益を得られる。

⑨合併により発生する，商品輸送拠点のダブリ，すなわち互いに近接してしまう倉庫などの処分による特別収支。

⑩両社買収直前年度の売上高の一部を見積もり，計上してある。

⑪⑩の投資に伴う調整額。

別表　想定されるシナジー効果

項目	シナジー効果の区分		シナジー効果の内訳	年度 1	2	3	4	5	6	7	8	9	10	算出根拠および備考
売上高	販売シナジー①	プラス	錦産業の店舗、緑ヶ丘実業の店舗双方でまったく同じように買い物ができることによる増販効果。											①
売上高	販売シナジー②	プラス	業界中堅クラス同士の合併によるマーケットシェアの飛躍的増大で、プライスリーダーとなり、従来より有利に価格形成しうる。											②
売上原価・販管費	操業シナジー①	プラス	物流コスト・輸送費が、店舗ネットワークなどの効率化により削減される。											③
	操業シナジー②	マイナス	人員合理化に伴う退職手当。	24	24	24	24	24						④
	操業シナジー③	プラス	役員を含む人員の合理化、社内の部門などの改廃・統合による販管費の削減。											⑤
販管費	投資シナジー	プラス	両社でダブって二重に行われていた研究開発費の削減効果。											⑥
	投資シナジー	プラス	広告宣伝費の一本化による削減（錦産業35／年、緑ヶ丘実業15／年）											⑦
営業外収支	投資シナジー	プラス	金融収支の改善。											⑧
特別収支	投資シナジー	プラス	両社の重複商品輸送拠点の処分。		40	40	40	40						⑨
投資	投資シナジー	マイナス	情報処理センターの統合にあたって必要な改良投資。	20	25									⑩
減価償却費	ー	ー	減価償却費の調整。	9	9	9	9	9	9					⑪

第4章　仮説企業の数値による例題　｜　47

第3部　企業の相対的評価

第5章

財務比率による経営分析

① 経営分析の方法

1 実数法と比率法

経営分析の方法には，実数法と比率法（ratio method）がある。実数法は，比較貸借対照表（comparative balance sheet，これは２期以上の貸借対照表を比較したもの）や比較損益計算書（comparative income statement，これは２期以上の損益計算書を比較したもの）の検討である。比率法に用いられる比率は，関係比率（salient ratio）と呼ばれる。関係比率は，財務諸表の２つの関係項目の金額の割合を百分比（％）で表したものである。

関係比率はさらに静態比率（static ratio，貸借対照表の２項目間の比率であり，企業の安全性を分析して，財政状態の良否を判断するために用いられる）と動態比率（dynamic ratio，損益計算書の２項目間の比率，または損益計算書の１項目と貸借対照表の１項目との比率であり，企業の収益性を分析して，経営成績の良否を判断するために用いられる）に分けられる。この場合には，静態比率の静態と動態比率の動態の意味を正しく理解する必要がある。関係比率は，いかに使うかという分析目的から，収益性・安全性・生産性・成長性などの指標に分けられる。

2 期間比較と同業他社比較

収益性・安全性・生産性・成長性の指標の値を単純に計算しただけでは，「経営分析」とはいえない。期間比較や同業他社比較によって，指標の値の良否を判断することが必要である。期間比較では，前期の指標の値など，同一企業の過去の指標の値と比較する。また，同業他社比較では，ライバル企業や業界トップの企業など，同業他社の指標の値と比較する。指標の値の良否を判断するために，目標比率を設定することがあるが，目標比率は業種や企業によって異なる。例えば，流動比率は200％以上が望ましいといわれることがあるが，これはアメリカで標準的に述べられていることで何％以上が望ましいかは業種や企業および国によって異なる。たとえ流動比率が200％未満であっても，それだけで，企業の短期支払能力に問題があるとはいえないし，日本では200％以上の企業は，実態として多くない。期間比較や同業他社比較によって，指標の値の真の良否を判断すべきである。

❷ 収益性の分析

1 収益性の意味

収益性の分析（profitability analysis）は，企業がどれだけの収益をあげているかを知るための分析である。収益性の分析としては，資本と利益の関係，売上高と利益の関係，資本と売上高の関係の分析を行う。

2 収益性の指標

収益性の指標は，収益性を分析するための指標であり，資本利益率，売上高利益率，資本回転率などがある。

（1）資本利益率（資本の利用効率の分析）

$$資本利益率（\%）＝\frac{利\ \ 益}{資\ \ 本}×100$$

資本利益率（return on capital）は，資本に対する利益の割合であり，資本に対してどれだけの利益をあげているかを示す。つまり，資本の収益力を示す。この値は，大きいほど望ましい。

資本利益率の比率名は，分母（資本）・分子（利益）の順である。分母の資本として，平均総資本・平均自己資本などを使い，その代わりに期末資本を使うことがあるが，それは正しいとはいえない。分子の利益は当該会計年度中に得られたものであり，それに対応して使われた資本というのは当該期の期首と期末の平均と考えるのが妥当だからである。分子の利益として，営業利益・経常利益・当期利益などがある。

$$平均総資本経常利益率（\%）＝\frac{経常利益}{（期首総資本＋期末総資本）÷2}×100$$

$$平均自己資本経常利益率（\%）＝\frac{経常利益}{（期首総資本＋期末総資本）÷2}×100$$

さて，資本利益率は，売上高利益率と資本回転率に分解することができる。

$$
\begin{aligned}
資本利益率（\%）&= \frac{利\ 益}{資\ 本} \times \\
&= \frac{利\ 益}{売上高} \times \frac{売上高}{資\ 本} \times 100 \\
&= 売上高利益率（\%）\times 資本回転率（回）
\end{aligned}
$$

そこで，企業の収益性を分析するためには，売上高利益率と資本回転率を調べる必要がある。

(2) 売上高利益率（原価効率の分析）

$$
売上高利益率（\%）= \frac{利\ 益}{売上高} \times 100
$$

売上高利益率（income to sales）は，売上高に対する利益の割合であり，売上高に対してどれだけの利益をあげているかを示す。この値は，大きいほど望ましい。

売上高利益率の比率名は，分母（売上高）・分子（利益）の順である。

売上高利益率には，売上高営業利益率・売上高経常利益率・売上高当期利益率などがあるが，これは単に営業利益率・経常利益率・当期利益率と呼ぶことがある。

$$
売上高経常利益率（\%）= \frac{経常利益}{売上高} \times 100
$$

(3) 資本回転率（資本の利用度の分析）

$$
資本回転率（\%）= \frac{売上高}{資\ 本} \times 100
$$

資本回転率（capital turnover）は，資本に対する売上高の割合であり，資本が1会計期間に何回利用されているかを示す。つまり，資本の利用度を示す。この値は，売上高が資本の何倍かを示し，大きいほど望ましい。

資本回転率には，平均総資本回転率・平均自己資本回転率などがある。資本回転率の分母の資本として，平均総資本または平均自己資本の代わりに，期末総資本または期末自己

資本を使うことがあるが，これは前述の通り，妥当ではない。

$$平均総資本回転率（回）＝\frac{売上高}{（期首総資本＋期末総資本）÷2}$$

$$平均自己資本回転率（回）＝\frac{売上高}{（期首自己資本＋期末自己資本）÷2}$$

3 安全性の分析

1 安全性の意味

　安全性の分析（safety analysis）は，企業の短期支払能力を示す流動性（liquidity），および資本の固定化，財務の健全性の分析である。安全性の良否は，貸借対照表の諸項目を分析することによって判断する。

2 安全性の指標

　安全性の指標は，安全性を分析するための指標であり，流動比率・当座比率，固定比率・固定長期適合率，負債比率・自己資本比率・他人資本比率などがある。

(1) 流動比率・当座比率

　①流動比率

$$流動比率（％）＝\frac{流動資産}{流動負債}×100$$

　流動比率（current ratio）は，貸借対照表の翌日から1年以内に支払わなければならない流動負債に対する比較的換金性の高い流動資産の割合であり，企業の短期支払能力（流動負債を返済する能力），つまり流動性を示す。この値は，大きいほど短期的に安全であることになる。

　なお，流動比率は200％以上が望ましいといわれることがあるが，何％以上が望ましいかは業種によって異なる。

②当座比率

流動性が高くても，流動資産のうち，棚卸資産が多く当座資産（当座資産とは，現金および預金・受取手形・売掛金・有価証券（取引所の相場のある一時的所有の有価証券）などである）が少ない場合は，企業の短期支払い能力は良いとはいえない。そこで，流動比率の補助比率として，当座比率（quick ratio）が用いられる。

$$当座比率（\%）= \frac{当座資産}{流動負債} \times 100$$

当座比率は，流動負債に対する換金性の強い当座資産の割合であり，流動比率よりも確実な即座の支払能力を示す。この値が大きいほど，企業の即座の支払能力が高いことになる。

(2) 固定比率・固定長期適合率

①固定比率

$$固定比率（\%）= \frac{固定資産}{自己資本} \times 100$$

固定比率（fixed assets to stockholders' equity）は，自己資本に対する固定資産の割合であり，自己資本がどれだけ固定資産に投下されているか，あるいは固定資産がどれだけ自己資本でまかなわれているか，つまり資本の固定化の程度を示す。固定資産は返済の義務のない自己資本によって調達するのが安全であるから，この値は，小さいほど望ましい。なお，固定比率は 100% 以下が望ましいといわれることがあるが，何 % 以下が望ましいかは業種によって異なる。ただし，固定比率が 100% を超えていることは，固定資産の取得が他人資本にも依存していることを示す。

固定比率として，上式の逆数を使うことがある。

$$\begin{matrix}固定比率（\%）\\（逆数）\end{matrix}= \frac{自己資本}{固定資産} \times 100$$

この固定比率の逆数（stockholders' equity to fixed assets）は，固定資産に対する自己資本の割合であり，この値は，大きいほど望ましい。この固定比率を資本固定比率ということがあるが，比率名が分子（自己資本）・分母（固定資産）の順であり，望ましくない。

第 5 章　財務比率による経営分析 | 55

なお，この固定比率は 100% 以上が望ましいといわれることがあるが，何 % 以上が望ましいかは業種によって異なる。

②固定長期適合率

固定資産への投資が自己資本だけではまかないきれなくても，自己資本に固定負債を加えた長期資金でまかなえれば，望ましいと考えることもできる。

そこで，固定比率の補助比率として，固定長期適合率（fixed assets to invested capital）が用いられる。

$$固定長期適合率（\%）＝\frac{固定資産}{自己資本＋固定負債} \times 100$$

固定長期適合率は，長期資金（自己資本＋固定負債）に対する固定資産の割合であり，固定資産がどの程度，長期資金でまかなわれているかを示す。この値は，固定比率と同様に小さいほど望ましい。

固定比率の場合と同様に，固定長期適合率として，上式の逆数を使うことがある。

$$\begin{array}{c}固定長期適合率（\%）\\（逆数）\end{array}＝\frac{自己資本＋固定負債}{固定資産} \times 100$$

この固定長期適合率の逆数（invested capital to fixed assets）は，固定資産に対する長期資金（自己資本＋固定負債）の割合である。この値は，大きいほど望ましい。

(3) 負債比率・自己資本比率・他人資本比率

①負債比率

$$負債比率（\%）＝\frac{負債}{自己資本} \times 100$$

負債比率（debt to stockholders' equity ratio）は，自己資本に対する負債の割合であり，自己資本によって負債がどれだけ保証されているか，つまり負債の安全性を示す。自己資本に対して負債は少ないほうが健全であるから，この値は，小さいほど望ましい。これはレバレッジ比率とも呼ばれる。

なお，この負債比率は 100% 以下が望ましいといわれることがあるが，何 % 以下が望ましいかは業種によって異なる。

②自己資本比率（株主資本比率）

$$自己資本比率（\%）= \frac{自己資本}{総資本} \times 100$$

　自己資本比率（stockholders' equity ratio）は，総資本に対する自己資本（株主資本）の割合であり，財務堅実性を示す。総資本に対して自己資本は多いほどよいから，この値は，大きいほど望ましい。

　なお，自己資本比率は 50% 以上が望ましいといわれることがあるが，何 % 以上が望ましいかは業種によって異なる。

④ 生産性の分析

1　生産性の意味と付加価値

（1）生産性

　生産性の分析（productivity analysis）は，企業がどれだけ生産性をあげているかを示すための分析である。

　生産性とは，当期における生産諸要素（人・製品・材料・設備など）の投入に対する当期における生産（生産量または生産高）の割合であり，生産諸要素の有効利用度を示す。

$$生産性 = \frac{当期における生産}{当期における生産諸要素の投入}$$

（2）付加価値

　当期における生産として，付加価値がある。付加価値（value added）は，企業が購入した材料などに新たに付加した価値，つまり企業が新しく生み出した価値である。企業のヒト・モノ・カネを使って新たに生み出した価値を意味する。付加価値の計算方法は，さまざまであるが，加算法と控除法とに分類することができる。加算法は，付加価値項目を加算して求める方法である。ただし，減価償却費については，付加価値項目とする方法としない方法とがある。付加価値の計算方法には，さまざまなものがある。

※中小企業庁方式

中小企業庁方式では，付加価値は次のように求められる。

■中小企業庁『中小企業の経営指標』による。

・加工高＝生産高－（直接材料費＋買入部品費＋外注加工費＋補助材料費）

・生産高＝純売上高－当期製品仕入原価

○製造業の場合

・付加価値（加工高）＝売上高－（材料費＋買入部品費＋外注工賃）

○建設業の場合

・付加価値（加工高）＝完工工事高－（材料・部品費＋外注費）

○卸売業・小売業の場合

・付加価値（粗利益）＝売上高－売上原価

■経済産業省『工業統計』による。

・付加価値＝生産額－原材料使用料等－製品出荷額に含まれる国内消費税等
　　　　　　　　－減価償却費

※日銀方式

日銀方式では，付加価値は次のように求められる。

■日本銀行『主要企業経営分析』『企業規模別経営分析』による。

・付加価値額＝経常利益＋人件費＋金融費用＋賃借料＋租税公課＋減価償却費

■財務省『法人企業統計』による。

・付加価値＝人件費＋動産・不動産賃貸料＋支払利息・割引料＋租税公課＋営業純益

・人件費＝役員報酬＋従業員給与手当＋福利費

・営業純益＝営業利益－支払利息・割引料

■日経新聞『日経経営指標』による。

・粗付加価値＝人件費＋賃借料＋租税公課＋支払特許料＋減価償却実施額＋営業利益

中小企業庁方式では，付加価値は売上高から外部購入分の価値を差し引いたものという考え方に対し，日銀方式では，付加価値は製造過程で積み上げられていくという考え方になっている。前者を控除法，後者を加算法と呼ぶ。加算法とは，付加価値を計算する方法の1つで，会社が生み出した価値である費用や利益など，付加価値を構成する項目を加算

して計算する方法である。減価償却費を付加価値に含めるという考え方は，有形固定資産は本来，外部のメーカーや建設会社からの購入価値であるが，原材料や人件費などとは違って，減価償却というある仮定に従って規則的または計画的に徐々に費用とされていくものであること，また当期の外部からの購入価値ではないことから，付加価値に加算すべきという考え方に従ったものである。

ただし，減価償却費については，非付加価値項目とする方法としない方法とがある。

また，「粗付加価値（gross value added）」という概念がある。粗付加価値とは，減価償却費を含めて，加算法で計算した付加価値をいう。

純付加価値＝労務費・人件費＋賃貸料＋租税公課（印紙代など）＋特許権使用料＋
　　　　　　純金利費用（支払利息割引料－受取利息配当金）＋利払後事業利益
利払後事業利益＝営業利益－純金利費用＝法人税等＋配当金＋役員賞与金＋
　　　　　　留保事業利益
粗付加価値＝純付加価値＋減価償却費

2　生産性の指標

生産性の指標は，生産性を分析するための指標であり，労働生産性，資本生産性などがある。

(1)　労働生産性

①労働生産性

$$労働生産性＝\frac{付加価値}{従業員数}$$

労働生産性（value added per employee）は，従業員数に対する付加価値の割合であり，従業員1人がどれだけの付加価値をあげているかを示す。この値は，大きいほど望ましい。

分母の従業員数として，期首期末平均従業員数を使うのが正しいが，平均従業員数の代わりに，期末従業員数を使うことがある。これは前述の通り，妥当ではない。

$$労働生産性＝\frac{付加価値}{（期首従業員数＋期末従業員数）÷2}$$

第5章　財務比率による経営分析　｜　59

さて，労働生産性は，付加価値率と従業員1人あたり売上高に分解することができる。

$$労働生産性 = \frac{付加価値}{従業員数}$$

$$= \frac{付加価値}{売上高} \times \frac{売上高}{従業員数}$$

$$= 付加価値率 \times 従業員1人あたり売上高$$

そこで，企業の収益性を分析するためには，付加価値率と従業員1人あたり売上高を調べる必要がある。

②付加価値率

$$付加価値率（\%） = \frac{付加価値}{売上高} \times 100$$

付加価値率（value added to sales）は，売上高に対する付加価値の割合であり，売上高に対してどれだけの付加価値をあげているかを示す。

この値は，大きいほど望ましい。

③従業員1人あたり売上高

$$従業員1人あたり売上高 = \frac{売上高}{従業員数}$$

従業員1人あたり売上高（sales per employee）は，従業員数に対する売上高の割合であり，従業員1人がどれだけの売上高をあげているかを示す。この値は，大きいほど望ましい。

分母の従業員数としては，期首期末平均従業員数を使うのが正しいが，平均従業員数の代わりに，期末従業員数を使うことがある。これも前述の通り，妥当ではない。

$$平均従業員1人あたり売上高 = \frac{売上高}{（期首従業員数＋期末従業員数）÷ 2}$$

(2) 資本生産性

$$資本生産性（\%）＝\frac{付加価値}{資\quad 本}\times 100$$

資本生産性（value added to total assets）は，資本に対する付加価値の割合であり，資本に対してどれだけの付加価値をあげているかを示す。この値は，大きいほど望ましい。

分母の資本としては，期首期末平均総資本を使うのが正しいが，平均総資本の代わりに，期末総資本を使うことがある。これも前述の通り，妥当ではない。

$$資本生産性（\%）＝\frac{付加価値}{（期首総資本＋期末総資本）÷2}\times 100$$

⑤ 成長性の分析

1 成長性の意味

成長性の分析（growth analysis）は，企業がどれだけ成長しているかを示すための分析である。成長性の分析としては，売上高や利益の伸びの分析を行う。

2 成長性の指標

成長性の指標は，成長性を分析するための指標であり，増収率（売上高伸び率，売上高成長率），増益率（利益伸び率，利益成長率）などがある。

(1) 増収率（売上高伸び率）

$$増収率（\%）＝\frac{当期売上高－前期売上高}{前期売上高}\times 100$$

増収率（change in sales from previous year）は，前期売上高に対する当期売上高の伸び率であり，当期売上高が前期売上高に対してどれだけ伸びているかを示す。増収率は，売上高伸び率ともいわれる。この値は，大きいほど望ましい。

(2) 増益率（利益伸び率）

$$増益率（\%）＝\frac{当期利益－前期利益}{前期利益}×100$$

　増益率（change in income from previous year）は，前期利益に対する当期利益の伸び率であり，当期利益が前期利益に対してどれだけ伸びているかを示す。増益率は，利益伸び率ともいわれる。この値は，大きいほど望ましい。当期利益または前期利益がプラスの数値でなければ（マイナスの数値または0であれば），計算しても無意味な指標である。すなわち，成長性の分析は，すぐれてポジティブな分析であり，対前期減少という事態の場合，計算することは「負の分析」ということになる。

　増益率には，営業増益率・経常増益率・当期増益率などがある。

$$経常増益率（\%）＝\frac{当期経常利益－前期経常利益}{前期経常利益}×100$$

　なお，営業増益率・経常増益率・当期増益率は，営業利益伸び率・経常利益伸び率・当期利益伸び率ともいわれる。

⑥ 実例による演習―黒崎播磨（株）とA社の比較分析

　次に，簡単な事例によって，財務データによる経営分析を見てみよう。分析対象は黒崎播磨（株）である。この会社は，耐火物関連事業（主力事業である耐火物の製品とその技術でトータルソリューションを提供）およびセラミックス事業（情熱を持って作り出す革新技術・先端材料を創出し，お客様の問題を解決）に属する歴史ある会社である。同業のA社との財務分析による比較を行う（なおデータは，連結ではなく単体について行っている）。また，A社の会計年度は「第100期」としてある。

図表5−1　黒崎播磨の経営分析：Ａ社との比較

インプットデータ	黒崎播磨　第124期	Ａ社　第100期
(1) 貸借対照表		
期末流動資産	36,123 百万円	42,055 百万円
期末固定資産	42,508 百万円	38,381 百万円
期末流動負債	30,245 百万円	28,162 百万円
期末固定負債	14,945 百万円	12,638 百万円
期末自己資本	31,300 百万円	35,973 百万円
期首総資本	78,260 百万円	77,884 百万円
期末総資本	78,631 百万円	80,437 百万円
(2) 損益計算書		
前期売上高	80,590 百万円	64,876 百万円
当期売上高	84,559 百万円	66,262 百万円
前期経常利益	2,644 百万円	3,121 百万円
当期経常利益	3,393 百万円	3,870 百万円
(3) 従業員数		
期首従業員数	1,204 人	1,063 人
期末従業員数	1,188 人	1,080 人

	黒崎播磨 第124期	Ａ社 第100期	評　価
(1) 収益性の指摘			
平均総資本経常利益率	4.3%	4.9%	↓
売上高経常利益率	4.0%	5.8%	↓
平均総資本回転率	1.1 回	0.8 回	↑
(2) 安全性の指標			
流動比率	119.4%	149.3%	↓
固定比率	135.8%	106.7%	↓
自己資本比率	39.8%	44.7%	↓
(3) 生産性の指標			
平均従業員1人あたり売上高	70.7 百万円	61.8 百万円	↑
平均従業員1人あたり経常利益	2.8 百万円	3.6 百万円	↓
(4) 成長性の指標			
増収率	4.9%	2.1%	↑
経常増益率	28.3%	24.0%	↑

この表を見てわかることは，まず，次の通りである。規模を示す総資本，売上高については，それぞれが異なって上回っており，まあ同格といえるだろう。利益はA社の方が多くなっている。

　次に比率分析を見る。すなわち，収益性については相対的にはA社，安全性については短期・長期ともA社が上回っている，ということである。安全性について，まず流動比率に関してはA社の約150％という値は特筆すべき水準といえよう。流動比率については伝統的なアメリカの教科書では「200％以上が望ましい」とされていて，確かにそれに比べると150％という数字はそれを下回るものではある。しかし，アメリカで望ましいといわれる数値がそのまま日本でも通用するとは限らない。我が国の企業に関して言えば，製造業全般では流動比率は150％にも達していない会社が多く，黒崎播磨もおよそ120％ということで，わが国においては特に低いわけではない，というのが実情である。A社の約150％という値は，そんなわけで，特筆すべき良さ，と言うことができるのである。

　固定比率については，日米関係なく100％以下が望ましいとされている。この点，A社の106.7％というのは，これまた特筆すべき良さといえる。固定資産に対する自己資本の割合がほぼ1に近いのであるから，教科書的に望ましい状態といえよう。ただしこれも，わが国製造業における実情として言うと，もっと高いものになっている。135％程度という黒崎播磨の値も，この意味で悪い数値ではない。

　自己資本比率は共に，我が国の製造業企業としては水準をクリアーしていて，問題はない。

　生産性に関しては，両社はまず五分五分であろう。

　最後の成長性は，黒崎播磨が共に上回っている。ただしこの指標については，産業全体，言い換えれば経済全体の動きとの関連が強く，景気の動向によって大きく動くものなので，このような単一期間だけでの比較は注意を要する。この種の実証研究などでは，複数期間（例えば5年）についての平均成長率を計算して，企業の値とするのが常である。

第6章

企業の総合的評価
―伝統的な方法―

こうして、株主（投資家）の立場から、財務的に優れた企業を探そうというのが財務分析であり、そこにはさまざまな財務指標があることがわかった。

ただしこれは、個別の指標による分析である。それらを総合的に評価する方法はないか？ということになる。それが「企業の総合評価」である。

これにはそのアプローチによって、①アナログ的方法、②デジタル的方法、の2つがある。

1 アナログ的方法

まずあげられるのは「フェイス分析」である。

●フェイス分析●　～顔の表情で全体をパッと察知する

フェイス・パターン（日本長期信用銀行方式）

石油ショック前　　　　　　　　石油ショック後

フェイス・パターンの書き方

指　標	フェイス	内　容
規　模（使用総資本）	口の大きさ	大きいほど規模が大きい
収益性（総資本経常利益率）	目の傾き	つりあがっているほど、収益性が高い
効率性（総資本回転率）	顔の輪郭	下ぶくれほど、効率性が高い
流動性（流動比率）	目玉の位置	正面を向いているほど、流動性が高い
安全性（負債比率）*	鼻の長さ	長いほど、安全性が高い
増収率（対前年度売上高伸び率）	口のカーブ	への字になるほど、成長性が低い

＊ 負債比率 $= \dfrac{\text{負債計}}{\text{資本計}} \times 100$

これは、昔の「日本長期信用銀行（現・新生銀行）」による方法で、まさに当該企業の経営の良し悪しを「フェイス（顔）」で直感的に判断することを目指したものである。ただ、一見して明らかなように優れた企業を表すここでの「良い顔」が、万人共通に認められる「良い顔」であるかについては、異論も考えられるであろうと思われるところもある。

2つめは日経による，木の形によって企業の状態を示す「樹木法（NEEDS-TREE）」と呼ばれるものである。

日経は，木の形によって企業の状態を示すneeds-treeという方法も利用している。これは樹の生育ぶり，幹の太さ，果実のなり具合，根の張り具合などにより企業の状態を表現しようとするものである。
各指標は次のことを表している。

①総資本回転率　　　　枝の張り具合，および小枝の数
②従業員1人当たり売上高　幹の太さ
③総資本経常利益率　　果実の数
④5年平均増収率　　　葉の多少
⑤売上高　　　　　　　木の高さ
⑥自己資本比率　　　　根の張り具合

これもわかりやすいものではあるが，「良し悪し」指標の規準の取り方はやはり恣意的なものになりがちだし，最終的な評価の判断基準も，明快なものとはなり得ないところが難点である。

② デジタル的方法

このように，経営分析ではいろいろな数値をたくさん計算するが，会社全体の評価をするときは，収益性，安全性，成長性，損益分岐点，付加価値，資金運用などから代表的な数値を選んで，総合的評価をする必要がある。　最も基本的な発想は，個別指標の合成である。その方法には，①指数法（Index Method），②得点法，がある。すなわち，当該企業が集団の中でどのような相対的な地位にあるのか，すなわち，あるべき状態を示す値としての「標準値」，あるいは当該企業が所属するグループの「平均値」に対する立場，などを参考にした，総合評価を知る必要がある。その代表的な手法がウォールの指数法である。

1　ウォールの指数法（指数法，Index Method）

1920年代に，アメリカのシカゴで，銀行が融資対象の審査にあたり使った方法として，ウォールの指数法というものがある。指数法（Index Method）では，これが有名である。

これは，信用分析，すなわち資金の貸し手にとって，借り手がどの程度の返済能力をもつかを分析するために流動比率，固定比率，売上債権回転率など7つの経営比率を取り上げ，これらを合成して指数を作り，会社の安全性を総合的に評価するものである。

ただ，ウォールの場合は信用分析が目的で，現代の会社を分析するには時代背景が違ってきているため，この指数法を使う場合も，現代においては会社を総合評価する目的に合わせて新たに設定していく操作が必要となる。

指数法は，企業評価における総合的判断法の草分けである。その特徴は，選択された各種の比率に対して，それぞれの重要度に応じてウェイトをつけ，それを合計して企業全体の評点とする「加重比率総合法」を採用していることである。

①静態比率3，動態比率4，計7種の比率を選択し，それに全体を100とするウェイトをつける（図表6－1）。
②多数の企業の比率を基礎として標準比率を求め，（各企業の比率／標準比率）×100を比率ごとの評価値（関係比率）とする。

評価に際して「標準比率」を導入しているのが注目される。この標準比率は，同一産業の算術平均，並数，中位数の算術平均値である。

③比率ごとの評価値（関係比率）に先のウェイトを乗じて合算し，総合指数を算出する。

この指数は，その企業の各種比率の評価を合計した結果を示し，100以上であれば標準

図表6－1　ウォールの比率による総合評価

	(1) ウェイト	(2) 標準比率	(3) ある会社 の比率	(4) $\dfrac{(3)}{(2)}$	(5) (4)×(1)
流動比率	25	200%	220%	1.1	27.50
純資本／固定資産	25	250%	220%	0.9	22.00
純資本／負債	15	150%	160%	1.1	16.00
売上／売上債権	10	600%	500%	0.8	8.33
売上／手持商品	10	800%	600%	0.8	7.50
売上／固定資産	10	400%	400%	1.0	10.00
売上／純資本	5	300%	240%	0.8	4.00
	100				95.33

以上ということになる。

　この方法の問題点は次の2点である。

　1．この7つの指標を選んだ根拠は何か

　2．それぞれの指標のウェイトは，なぜこのような値になっているのか

　これに対する答えは次の通りである。

　すなわち，このような総合評価を行う目的が何であるかによって，例えばこの場合は，債務負担能力，支払能力を評価する，という目的にしたがって選ばれた諸指標，ということである。これが，例えば株式投資による利益獲得を目指すならば，成長性の指標を重視することになるし，そこに収益性指標も加わることになる。あるいは製造業で，その生産のクオリティを見るために付加価値などの指標を重視することもあるかもしれない。

　分析，すなわち評価を行う目的に合うように選ばれているということになる。

　ウェイトに関してもまったく同様で，ある程度の全体像を知るために複数の指標を採り上げても，その分析は主たる目的にしたがって，重視される指標のウェイトが高くなる，ということになる。

2　ダイヤモンド企業評価（得点法）

　ダイヤモンド上場企業格付けは，ダイヤモンド社が行っていた，企業の総合評価の1つの代表的な手法である。これは，残念ながら1994年4月発表の1994年版限りで終了してしまったが，指数法とは異なる「得点法」によるユニークなものであった。以下ではそれを引用して検討しよう。

　この会社格付けは，ダイヤモンド社独自のものである。方法は，会社規模（資本金）に経営考課点を掛け合わせて算出する。経営考課は，経営効率によって採点する。大会社も小会社も，差別しない。ところが，大会社には，目にみえぬ実力というものがある。底力というべきか。それを数字に表せないか。そこで考案されたのが，この会社格付けである。もっとも，お手本があったということで，それは，ある官庁で使っていた会社格付けの算式を，参考にしたものである。会社格付けには，一定の方式があるわけではない。アメリカと欧州ではやり方が違うし，同じアメリカでも格付け会社によって方式が異なる。いずれが優るか，一長一短である。しかし，いずれにしても，実績の積み重ねが勝負である。各企業について，経営の善し悪しを診断し，100点満点として採点するのである。学校でいう通信簿である。診断する方法は，2つの面に分かれる。収益力と資産内容である。診断に用いる指標は，合計6つである。6つの指標および採点基準は，別表（図表6-2）の通り。6指標

には，ウェイトをかける。一番ウェイトを置くのは，総資本営業利益率（収益力）と，自己資本比率（資産内容）である。この両指標は，それぞれの代表指標と考えられるからである。他の4指標は，いわばその補助指標である。経営分析に用いられる指標にはいろいろある。ここでも，以前は30近い指標で診断したこともあったが，指標が多いと煩雑になるし，指標を多くしたからといって，必ずしも診断が的確になるとは限らない。いろいろ研究した結果，この6指標に集約したとのことである。これは状況により毎年，入れ換えがありうる。

図表6－2　採点基準

採点項目		算式	a	b	c	d	e
収益力	総資本営業利益率	(営業利益+受取利息・配当金) / 総資本額	12.0%以上　40点	～9.0%　30点	～6.0%　20点	～3.0%　10点	3%未満　0点
	自己資本純益率	当期純利益(税引) / 資本合計	10.0%以上　10点	～7.5%　8点	～5.0%　6点	～2.5%　4点	2.5%未満　0点
	自己資本配当率	配当金 / 資本合計	5.0%以上　10点	～3.8%　8点	～2.5%　6点	～1.3%　4点	1.3%未満　0点
資産内容	自己資本比率	資本合計 / 総資本額	50%以上　20点	～40%　15点	～30%　10点	～20%　5点	20%未満　0点
	資本装備率	資本合計 / (資本金+資本準備金)	500%以上　10点	～400%　8点	～300%　6点	～150%　4点	150%未満　0点
	固定比率	固定資産(有形+無形+投資) / 資本合計	100%未満　10点	～149%　8点	～199%　6点	～249%　4点	250%以上　0点

この会社格付けは，ダイヤモンド社独自のものである。方法は，会社規模（資本金）に経営考課点（前項）を掛け合わせて算出する。

ダイヤモンド社の方式による得点法およびレーダーチャート法とわが国企業の分析の例

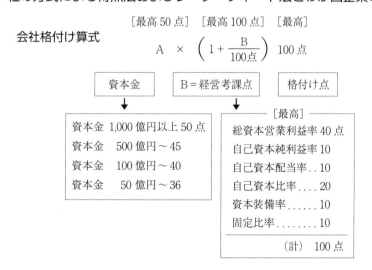

第6章　企業の総合的評価―伝統的な方法― | 71

では，黒崎播磨とＡ社の比較分析の事例にあたり，総合評価を試みてみよう。

インプットデータ	黒崎播磨 第124期	Ａ社 第100期
(1) 貸借対照表		
期末流動資産	36,123 百万円	42,055 百万円
期末固定資産	42,508 百万円	38,381 百万円
期末流動負債	30,245 百万円	28,162 百万円
期末固定負債	14,945 百万円	12,638 百万円
期末自己資本	31,300 百万円	35,973 百万円
期首総資本	78,260 百万円	77,884 百万円
期末総資本	78,631 百万円	80,437 百万円
(2) 損益計算書		
前期売上高	80,590 百万円	64,876 百万円
当期売上高	84,559 百万円	66,262 百万円
前期経常利益	2,644 百万円	3,121 百万円
当期経常利益	3,393 百万円	3,870 百万円
(3) 従業員数		
期首従業員数	1,204 人	1,063 人
期末従業員数	1,188 人	1,080 人

①両社について，当期の㋐自己資本比率，㋑流動比率，㋒売上高経常利益率，㋓売上高成長率，㋔期首期末平均総資本経常利益率，を％単位で，小数点以下第2位を四捨五入して小数点以下第1位まで求めてみよう。

②次の表に基づき，両社の総合得点を計算してみよう。

【採点基準】

採点項目＼採点ランク	a	b	c	d	e
収益力　売上高経常利益率	10.0%以上 35点	～7.0% 30点	～4.0% 20点	～1.0% 10点	1%未満 0点
収益力　売上高成長率	5.0%以上 10点	～3.8% 8点	～2.5% 6点	～1.3% 4点	1.3%未満 0点
資産内容　自己資本比率	50%以上 35点	～40% 30点	～30% 20点	～20% 10点	20%未満 0点
資産内容　流動比率	200%以上 20点	～150% 16点	～100% 12点	～70% 8点	70%未満 0点

①各財務比率

	黒崎播磨　第124期	A社　第100期	評価
(1) 収益性の指標			
平均総資本経常利益率	4.3%	4.9%	↓
売上高経常利益率	4.0%	5.8%	↓
平均総資本回転率	1.1回	0.8回	↑
(2) 安全性の指標			
流動比率	119.4%	149.3%	↓
固定比率	135.8%	106.7%	↓
自己資本比率	39.8%	44.7%	↓
(3) 生産性の指標			
平均従業員１人あたり売上高	70.7百万円	61.8百万円	↑
平均従業員１人あたり経常利益	2.8百万円	3.6百万円	↓
(4) 成長性の指標			
売上高成長率	4.9%	2.1%	↑
経常利益成長率	28.3%	24.0%	↑

②

	黒崎播磨	A社
売上高経常利益率	20	20
売上高成長率	8	4
自己資本比率	20	30
流動比率	12	12
総合得点	60	66

《練習問題》

次のデータについて，設問に答えなさい。

インプットデータ	目白食品　第87期	下落合乳業　第132期
（1）　貸借対照表		
期末流動資産	100,634百万円	134,492百万円
期末固定資産	194,151百万円	204,636百万円
期末流動負債	128,750百万円	164,931百万円
期末固定負債	92,726百万円	49,112百万円
期末自己資本	75,239百万円	123,637百万円
期首総資本（総資産）	276,664百万円	338,540百万円
期末総資本（総資産）	294,785百万円	339,128百万円
（2）　損益計算書		
前期売上高	445,405百万円	481,455百万円
当期売上高	450,435百万円	492,372百万円
前期経常利益	9,227百万円	11,150百万円
当期経常利益	12,987百万円	13,984百万円

①両社について，当期の㋐自己資本比率，㋑流動比率，㋒売上高経常利益率，㋓売上高成長率，㋔期首期末平均総資本経常利益率，を％単位で，小数点以下第2位を四捨五入して小数点以下第1位まで求めなさい。

②前頁の表に基づき，両社の総合得点を計算しなさい。

③　定性的な側面の評価

1　信用格付

「企業評価」の代表的な一例として，常に目を向けられてきたのが「信用格付（Credit Rating）」である。

すなわち，一般的に企業（価値）評価というものは，それを行う者の目的によってその内容は大きく変わってくるもので，一概に「これが企業評価だ」と述べることは難しいとされる。ただし，そこでは「『良い』会社とは何か」という疑問あるいは目的意識が，常

に根底にあることは明らかである。そしてその場合，信用格付において問題とされる価値の意識は，あらゆる目的に共通な，1つの価値観を代表するものと考えられるからである。

ここでは，このような信用格付の具体的な内容について，日本格付研究所（Japan Credit Rating Agency, Ltd, 以下ではJCRと略記する）の「格付の種類と記号の定義，コーポレート等の信用格付方法，業種別格付方法【銀行等】」に基づいてレビューし，若干のコメントを試みたい。なお，以下では，まずJCRの格付を紹介し，それにコメントする，という形で進めることとする。

2　信用格付（コーポレート等）の種類と記号の定義

ここでレビューするのは，「長期発行体格付」と「長期個別債務格付」である。長期発行体格付は，債務者（発行体）の債務全体を包括的に捉え，その債務履行能力を比較できるように等級をもって示すもの，また，長期個別債務格付は，期限1年を超える債務が履行される確実性を比較できるように等級をもって示すものである。格付の前に，通常，債務履行あるいはその破綻を示す「債務不履行の定義」がなされるのが常である。ただし，経済学的あるいは法的に見て完全に正当な「債務不履行の定義」は困難だ，という見解が多く見られることを指摘しておく。

● 債務不履行の定義

「債務不履行」とは，金融債務の元利金支払が当初約定通りに履行されない状態を指す。これには，債務者について，破産，会社更生，民事再生，特別清算といった法的手続きが申し立てられる等，元利金支払が当初約定通りに履行されることが不可能と判断される状態も含まれる。

この点については，例えば上の4つのどれが選ばれるかによって，経済学的には実情は異なるのではないか，という見解もある。そしてその違いにより，実態としてはその後の事実上の展開に差異が出てくることは有り得るであろう。

次に，JCRによる長期発行体格付と長期個別債務格付の記号の定義を見てみよう。

第6章　企業の総合的評価―伝統的な方法―　|　75

● 長期発行体格付
AAA　債務履行の確実性が最も高い。
AA　　債務履行の確実性は非常に高い。
A　　　債務履行の確実性は高い。
BBB　債務履行の確実性は認められるが，上位等級に比べて，将来債務履行の確実性が低下する可能性がある。
BB　　債務履行に当面問題はないが，将来まで確実であるとはいえない。
B　　　債務履行の確実性に乏しく，懸念される要素がある。
CCC　現在においても不安な要素があり，債務不履行に陥る危険性がある。
CC　　債務不履行に陥る危険性が高い。
C　　　債務不履行に陥る危険性が極めて高い。
LD　　一部の債務について約定どおりの債務履行を行っていないが，その他の債務については約定どおりの債務履行を行っているとＪＣＲが判断している。
D　　　実質的にすべての金融債務が債務不履行に陥っているとＪＣＲが判断している。
　ＡＡからＢまでの格付記号には，同一等級内での相対的位置を示すものとして，プラス（+）もしくはマイナス（-）の符号による区分を付す。
　（a）長期発行体格付は，債務者（発行体）の債務全体を包括的に捉え，その債務履行能力を比較できるように等級をもって示すものである。
　（b）保険金支払能力に対する格付についても上記記号で表す。

● 長期個別債務格付
AAA　債務履行の確実性が最も高い。
AA　　債務履行の確実性は非常に高い。
A　　　債務履行の確実性は高い。
BBB　債務履行の確実性は認められるが，上位等級に比べて，将来債務履行の確実性が低下する可能性がある。
BB　　債務履行に当面問題はないが，将来まで確実であるとはいえない。
B　　　債務履行の確実性に乏しく，懸念される要素がある。
CCC　現在においても不安な要素があり，債務不履行に陥る危険性がある。
CC　　債務不履行に陥る危険性が高い。
C　　　債務不履行に陥る危険性が極めて高い。
D　　　債務不履行に陥っているとＪＣＲが判断している。
　ＡＡからＢまでの格付記号には，同一等級内での相対的位置を示すものとして，プラス（+）もしくはマイナス（-）の符号による区分を付す。
　（a）長期個別債務格付は，期限1年を超える債務が履行される確実性を比較できるように等級をもって示すものである。
　（b）個別債務格付では，債務が約定どおり履行される確実性を評価した上で，回収可能性の点で他の債務と差異があると判断した場合は，投資家への注意喚起の意味から，発行体格付との間にノッチ差をつけることがある。
　（c）長期個別債務格付の対象には，債券，発行プログラム（ミディアム・ターム・ノート・プログラム等）など発行者が負う個別の債務を含む。
　（d）優先株などハイブリッド証券に対する格付についても上記記号で表す。

ＪＣＲが「長期発行体格付」と呼んでいるのは、ゴーイングコンサーンとしての債務者の信用力を表すものとして、債務者の包括的な債務履行能力を評価した格付とされる。そこでは、債務者の債務全体を包括的に捉えるため、債務の契約内容、債務間の優先劣後関係、回収可能性の程度などは考慮していないのだそうで、これらの個別性は、「長期個別債務格付」に反映されることになる。このため「長期個別債務格付」が「長期発行体格付」と異なること（上回ること、または下回ること）もあるとのことである。

　次に、格付の「見通し」、「クレジット・モニター」、「保留」、「撤回」がある。

● 格付の見通し

　「格付の見通し」は、発行体格付または保険金支払能力格付が中期的にどの方向に動き得るかを示すもので、「ポジティブ」、「安定的」、「ネガティブ」、「不確定」、「方向性複数」の5つからなる。

　今後格上げの方向で見直される可能性が高ければ「ポジティブ」、今後格下げの方向で見直される可能性が高ければ「ネガティブ」、当面変更の可能性が低ければ「安定的」となる。

　ごくまれに、格付の見通しが「不確定」または「方向性複数」となることがある。格上げと格下げいずれの方向にも向かう可能性がある場合に「不確定」となり、個別の債券や銀行ローンの格付、発行体格付等が異なる方向で見直される可能性が高い場合には「方向性複数」となる。

● クレジット・モニター

　発表した信用格付につき、定期的な見直しを行う場合に加えて、戦争、大きな事故、合併、訴訟、行政措置、大幅な業況の変化等、格付変更の可能性があると判断した場合には、クレジット・モニターの対象とし随時、信用格付の見直し作業を行うとともに、その旨を「クレジット・モニターの対象とした」と発表する。クレジット・モニターの対象となった信用格付には、それが解除となるまで格付記号の前に「#」が付けられる。

　クレジット・モニターの対象となったすべての信用格付について「見直し方向」が付記される。「見直し方向」はクレジット・モニターの対象となった信用格付がどの方向で見直されるかを示すもので、「ポジティブ」、「ネガティブ」、「方向性不確定」の3つからなる。格上げの方向で見直される場合には「ポジティブ」、格下げの方向で見直される場合には「ネガティブ」、格上げと格下げいずれの方向にも向かう可能性がある場合に「不

確定」となる。

● 信用格付の「保留」,「撤回」について

　信用格付は，情報入手が困難となった場合や，客観的な情勢に重大な変化が生じた場合等には「保留」,「撤回」することがある。信用格付の見直しを行うのに必要な情報の入手が一時的に困難あるいは不可能となった場合には，既格付を「保留」とする。また，情報提供について債務者（発行体）からの協力が得られず，将来にわたって信用格付の見直し作業が不可能と判断される場合は「撤回」とする。

　言うまでもないことであるが，格付というのは発行体等の，ある時点における状態に基づくものであり，それは刻々と変わっていくものと捉えることが，基本的に要されるものである。したがって，格付の「見通し」が付与されるのは当然といえる。ただし，クレジット・モニター対象となることは，より短期的な観察が必要であるとみなされていることを意味している。また，「保留」さらには「撤回」となることは，そのcredibilityに疑問の余地があることにも結びつく可能性があり，歓迎すべきではないと思われることもある。

3　JCRによるコーポレート格付の具体的な内容

　格付の具体的な内容としては，「信用力」と「回収可能性」があげられている。ここでは，前者のみを取り上げて検討する。

● 信用力

(1)　信用力と回収可能性

　格付は，対象となる債務（社債，CP，ローン等）について約定通りに元本および利息が支払われる確実性の程度を評価するものである。個別債務にはそれぞれに契約があり，その約定内容により万一，発行者が倒産した場合の回収可能性が異なってくる。そこで，格付には，債務者が倒産してデフォルト（支払い不能）に陥る可能性（信用力）とともに，倒産した場合の回収可能性についても評価する必要があるといえる。

　このように格付は，債務者の信用力と倒産後の回収可能性を評価して総合的に判断するものといえるが，その基本はあくまでゴーイングコンサーンとしての債務者の信用力についての評価である。約定通りに元本と利息が支払われるかどうかは，債務者が存続して事業を続け，必要なキャッシュ・フローを継続的に得ていけるかどうかに多くを負うからで

ある。倒産した場合、元利の回収は通常、約定から大きく遅れてしまい、また、回収可能性が高いとみられるケースであっても、元利を 100% 回収することが極めて難しい現状では、回収可能性を債務履行の確実性の評価の中心に据えることは適当ではないと考えられる。このような前提から、格付の実務においても作業のほとんどは債務者の信用力の判定のためにあてられる。

このように、「格付の実務においても作業のほとんどは債務者の信用力の判定のためにあてられる」とあるが、前述の通りそれは、対象企業自体の活力、あるいは「企業力」を診ることが前提であり、この意味で、企業（価値）評価の基本中の基本であるといえる。

(2) 信用力の評価

債務の支払いは、基本的に債務者の日々の営業活動から生まれるキャッシュ・フロー（償却前利益から税金・配当など社外流出を引いたもの）によってなされると考えられる。したがって、信用力の評価にあたっては、返済原資となるキャッシュ・フローの大きさ（収益力）とその安定性、それと返済すべき債務の大きさがポイントとなる。キャッシュ・フローはその規模がいくら大きくても、債務が膨大になれば返済の負担は重くなる。逆に、キャッシュ・フローの規模が小さくても、それに見合う債務がわずかであれば負担は軽くなる。したがって、収益力を見るうえでは、こうしたキャッシュ・フローと債務との相対的な関係を見極めることが極めて重要といえる。

このように、信用力の評価では、債務者が将来にわたり事業基盤を維持・拡大し、キャッシュ・フローを潤沢かつ安定的に確保できるかどうかという事業基盤（事業リスク）の評価と、返済すべき債務が過大であるなど、財務構造が債務者の債務返済能力に悪影響を及ぼさないかどうかという財務基盤（財務リスク）の評価という、2 つの作業に主眼が置かれることになる。

なお、金融法人では債務の支払いは債務の借り換えによって行われる場合が多く、キャッシュ・フローは通常、返済原資として期待されていない。したがって、金融法人の格付分析ではキャッシュ・フロー分析は通常、行われない。金融法人が債務の借り換えを円滑に行えるかどうかは、事業基盤、資本充実度、資産の質、収益力、リスク管理の状況、流動性の状況などにより判断される。

信用力は、事業基盤や財務基盤といった債務者単独の要素だけでなく、外部からの信用補完によって支えられている場合がある。子会社に対する親会社の財務上の支援や、預金保険制度などのセーフティーネットに基づく銀行への国の財務支援などが、代表的な信用

補完といえ，ＪＣＲではこのような外部からのサポートの可能性と規模を，債務者単独での評価に加味して信用力を評価している。

　債務者が将来にわたり事業基盤を維持・拡大し，キャッシュ・フローを潤沢かつ安定的に確保できるかどうかという事業基盤（事業リスク）の評価と，返済すべき債務が過大であるなど財務構造が債務者の債務返済能力に悪影響を及ぼさないかどうかという財務基盤（財務リスク）の評価という視点は，まさにビジネス・ファイナンスの基本中の基本である。モディリアーニ＝ミラー（MM）の名前を出すまでもなく，事業リスク（ビジネスリスク，MMの場合はリスク・クラスという呼称になっている）を詳細に吟味し，格付に反映することになる。とりわけ，債務者の発行体が所属する産業ごとに，ある程度定まったリスク・クラスが前提されるものであるが，それも時代とともに変貌するものである。身近な例をあげれば，30年前には，ビジネスリスクの小さい産業の典型とされた，食品産業，電力産業は，今や最もビジネスリスクの大きな産業に分類されている。前者は，素材が持つリスクが急速に注目されるようになったため，後者は言うまでもなく，原発が持つリスクが，思いがけず明らかになったことによるものである。

　財務基盤（財務リスク）の評価というのは，いわゆるレバレッジ効果の話で，適切な負債利用が行われているか，ということであるが，バブル経済華やかな頃，いわゆるメインバンクがグループ企業の資金調達状況に目を光らせていた頃とは異なり，格付会社は自らの判断基準に基づいて，その適切さを判断しなくてはならなくなっている。

4 「ＪＣＲ大企業モデル」

　ＪＣＲでは，国内の一般事業法人の主要な業種を対象に「ＪＣＲ大企業モデル」というデフォルト率推定モデルを開発し，これにより当該企業の財務情報から個社のデフォルト確率を推定し，対応する格付を算出している。格付作業では，担当アナリストによる業界や個別債務者の定量的分析および定性的分析が中心となるが，それとともにこのような計量モデルによる推定結果を必要に応じ信用力評価の参考とすることで，格付の客観性の向上を目指している。

　ＪＣＲ大企業モデルとは，ＪＣＲが開発したデフォルト率推定モデルである。それは，財務情報を用いて対象発行体のデフォルト確率を推定するデフォルト率推定モデルである。その詳細が明らかにされているわけではないが，基本的に一般事業法人（ただし，鉄

道・航空・ガス・電気除く）を対象に，多数の正常企業とデフォルト企業の財務情報をもとに構築した，ペアサンプルによるデフォルト率を推定する統計モデルであるとされる。いわゆる「外的基準を持った多変量解析モデル」であると思われ，安全性・収益性・債務償還能力など，多様な財務指標を採用することによって，多面的に個社のデフォルトリスクを評価し，3年以内デフォルト率を推定するモデルとなっているそうである。個別企業の財務指標の候補として100以上の指標を入力情報とし，デフォルト率を算出している。このモデルは一般化線形モデルの一種であり，リンク関数としてロジット関数を使用するロジットモデルを採用して，デフォルト率を推定している。このモデルは，各社の倒産性向を示す関数を各財務指標との線形結合で表現しており，結果に対する解釈も容易なため広く実務で用いられているモデルであるとのことである。おそらくアルトマンの古典的な関数モデルを出発点として，手を加えたものであろうと，筆者は考えている。

5 企業の信用力評価の視点

　ＪＣＲによる信用格付に際しての企業分析の大きな柱は，「(1) 事業基盤の分析」と，「(2) 財務基盤の分析」の2つである。

(1) 事業基盤の分析

　企業の信用力評価は，企業固有のリスクの把握と，それに対応する事業および財務基盤の分析との対比に基づいて行われる。カントリー・シーリング考慮前の企業の格付が，当該企業所在国のカントリー・シーリングを超える場合には，いくつかの例外を除いてカントリー・シーリングを当該企業の格付とする。

　以下では，主として一般事業法人を念頭に置きつつ，事業基盤，財務基盤，信用リスク推定モデルの活用に分けて，信用力評価の概略を説明する。

　対象企業につき，以下の①〜③を中心に検討し事業基盤を評価する。一般事業法人については，事業基盤の評価をもとに将来のキャッシュ・フローを予測，推計する。

　①所属産業の特性（業界動向）

　まず，対象企業の業種特性を十分に検討することが重要である。所属する産業を的確に評価することが，対象企業の業績を正確に理解するうえでも，また将来，企業が迎えるかもしれない困難やリスクを予測するうえでも重要である。

第6章　企業の総合的評価—伝統的な方法—　│　81

例えば，企業の属する産業が成長産業か成熟産業かにより，その企業の将来の業績は大きく左右される。また，製品や原材料などの市況によって，業績が短期的に変動する産業がある一方で，景気変動に影響されずに比較的業績が安定している産業もある。

具体的な検討項目は以下のとおりである。

・マーケットの規模。国内市場かグローバル市場か。

・特定業種への依存度。需要産業の動向。

・成長産業か成熟産業か。

・業界構造はどうなのか。寡占的か競争が激しい産業か。

・政策を背景とした規制型の産業か否か。その場合，将来の自由化の見通しはどうなのか。

・市況型の産業か，安定型の産業か。

・技術革新の動向はどうなのか。技術革新のスピードが速い場合はそれだけ事業リスクが大きく，短期間に投資回収できる収益力が必要。

・業界が抱える問題点や課題の把握。例えば，需給バランス，国際競争力，原料確保，制度問題など。

以上は一般的な検討点だが，この他に特定の産業については，個別の視点から将来の収益性の検討を行っている。例えば，小売，電鉄，不動産などの立地産業の場合には，個人消費などを含めた需要一般の動向と合わせて，その企業の主たる事業地域の発展性や競争条件，他社の進出計画などに重点を置いて分析を行う。また，一般に企業は事業が多角化しているため，検討対象もその企業が業務展開している複数の業界にわたる。その場合には，それぞれの業界について上述の視点から検討を加える。

②業界における地位と競争力

対象企業が業界内においてどのような地位や特徴を有しているかについて，以下の観点から検討する。

・業界における地位（順位，シェア）はどのくらいか。独占的地位を占めているのか。あるいは限界供給者的な存在に過ぎないのか。

・シェアは拡大傾向にあるのか，縮小する傾向か。

・業界における特色，強み・弱みは何か。

③対象企業の特性

同じ業界に属した企業でも，各々の企業ごとに経営資源や経営スタイルが異なるため，そこから企業特有のリスクが発生する。そこで，主として以下の項目について検討している。

①沿　革

　企業の成り立ちの歴史であり，その企業の基本的性格，社風の形成に沿革が大きく関わっている。単なる歴史のフォローではなく，現状および将来の事業基盤についての判断に結びつけて評価することに意味がある。

②経営者

　経営トップの経営能力，実績，経営姿勢などの把握は，格付を行う上で重要である。環境変化に対応してどのような経営方針を打ち出し，また経営目標実現のためにどのような施策を講じているのか，などを直接ヒヤリングすることは，経営の方向性を知る上でも極めて有用である。格付に際しては原則，経営トップにインタビューを行い，経営方針などを聴取している。

③組　織

　企業の経営方針に適切に対応する組織構成，人員配置になっているのか，組織が硬直していないか，などの点について，経営理念，従業員のモラールや社風との関連で評価する。

④株主および系列関係

　主要株主とその持株数，持株比率をチェックする。まず法人株主については，安定株主，資本系列，融資系列などを考慮する。次に，主要株主の変動については，その経緯や経営方針に及ぼす影響などについても検討する。さらに，特定の企業グループに属していることが，製品販売，原料確保，資金調達などの安定につながっていることがあるが，経営上のリスク回避に具体的にどのような意味を持っているのかという視点から検討する。

⑤従業員

　人数，年齢構成，平均勤続年数，給与水準，労働組合との関係などの点について，同業他社との比較により特徴を把握する。また従業員１人当たりの効率についても検討する。

⑥売上構成

　近年，企業経営の多角化が進み，事業部門が多岐にわたる企業が多くなってきてい

る。このような場合，それぞれの業種について上述した検討を行うほか，業種別売上構成のバランスなどを検討する。

⑦生産・販売状況

　部門別の生産販売実績をトレースし，数量・単価要因に分解し分析する。景気変動や業界動向と照合し，対象企業の特色を浮き彫りにして，経営方針などと関連づけて評価する。

・製品販売先および原材料仕入先の状況

・販売方式（直販，特約店経由）

⑧設備投資状況

　業種や業態により生産設備の特性が異なる。大量生産型か多品種少量生産型か，消費地近接か原材料生産地近接か，集中生産か分散生産か，などの違いがある。

　具体的には次のような点についてチェックを行い，業種・業態に則して判断している。

・生産設備や技術の優劣，独自性の有無

・海外進出（生産，販売拠点の海外設置）の現状と今後の動向

・設備投資動向（内容，金額，投資効果）

・部門別の生産販売実績の把握

⑨技術水準，研究開発能力

　技術力，開発力は企業の成長の原動力であり，企業の将来を判断する場合，重要なファクターである。特に，技術革新のテンポが速い業界では極めて重要である。多額の投資を伴うケースではリスクが大きいため，企業体力と比較しながら検討していくことになる。具体的には，過去の開発実績，製法の独自性や特許権の有無，研究開発体制や研究開発人員の増減，売上高に対する研究開発費の割合などについて，他社比較を行い検討する。

⑩子会社・関連会社など

　対象企業が子会社や関連会社などを擁している場合には，それらを含めたグループ企業全体としての事業基盤を評価する必要がある。ＪＣＲでは，企業グループを形成している親会社の格付に当たっては，グループ全体の債務償還能力を実態的に判断するため，連結財務諸表をベースにして，幅広くグループ会社の個別データを収集し，分析している。

⑪経営計画

　　将来の経営方針を踏まえた経営計画の検討は，格付を判断する上で極めて重要である。特にインタビューにおいて経営陣から聴取する，経営理念や中長期計画に対する方針，当面の課題への取り組みなどの情報は，格付決定の際のポイントとなる。また，格付対象企業の経営計画に関する各種の資料（生産販売計画，設備投資計画，損益計画，予想貸借対照表，予想キャッシュ・フロー計算書など）を分析するとともに，インタビューでの情報も踏まえて，経営計画の妥当性とその達成の可能性を総合的に判断する。経営計画は，将来のキャッシュ・フローの見通しや債務の動向に直接関わるため，これを評価することはこれまでの分析をさまざまな視点から集約するものとして意義が大きいのである。

　このような「事業基盤」に関するチェックポイントは，まさに定性的な経営分析のスタンダードと言うべきであろう。そして，これらを見てすぐに気がつくのは，それらが一般には，その真の状態が外部からは必ずしも正しく観察できるものとは限らない，ということである。すなわち，これらの側面を過不足なく格付に反映させるためには，経営者との個人的な接触が不可欠になるだろう，ということである。この点についてはすでに，そして，つとに知られていたことである。こうした内容について得られた情報は，非公開，そして守秘義務を伴うものであることは重要である。

（2）財務基盤の分析

　企業からヒヤリングした財務運営方針を加味したうえで，貸借対照表を分析・検討し，企業の財政実態を把握している。具体的には，資産内容の堅実性，資本構成の均衡性，資金繰りの余裕度・安全性などを観察して，企業の健全性・持久力を判断している。

　主な検討・留意事項は以下の通りである。

①主要科目

　貸借対照表の各勘定科目について，増減変化の状況とその理由を精査し，その科目の健全性・流動性などを検討している。科目内容の精査は，財政状態と収益状態あるいは生産・販売状態と関連づける重要な役割を持つもので，相互の関連を念頭において検討している。

②資本構成

資本構成については，運用資産と調達資本とのバランスを判断することにより，短期的には資金の流動性，長期的には資本の安定性を検討している。

①流動性

　資金の流動性・安定性と収益性の間には矛盾する面があり，例えば，流動比率が表面的に良好な水準であったとしても，デッド・ストックや不良債権の混在，信用不足による買入債務の過小の問題をはらんでいる場合もある。また，成長の度合いによって均衡度合いも異なるため，業種・業態の特殊性，換言すれば，原価構成，生産期間，仕入・販売条件あるいは季節変動などを考慮している。

②安定性

　収益力がある程度高く，かつそれが安定性を有していることが基本的条件となるが，収益力に多少の変動があっても資本構成からみて，その変動に耐え得る余力を持っているか否かを実態的に検討している。

　長期的安定性では，主としてデット・エクイティ・レシオや固定比率，固定長期適合率などをチェックする。これらの比率も，業種・業態，特に外注依存度・操業形態・販売機構などにより異なることに留意して判断している。

③資金繰り

　収支実績・予想，財政状態あるいは投資計画などを関連させて，資金の運用・調達状況を把握し，支払能力の推移と調達・運用の巧拙などを検討している。併せて，銀行取引状況およびその変化を確認しているが，特に低格付先については，金融機関との取引関係や資金調達力などが重要となるため，定期的に確認を行っている。

③財務諸指標

最後に，いわゆる伝統的な財務分析である。周知の通り，企業の財務特性には収益性，安全性，成長性，生産性などさまざまな指標があるが，ＪＣＲの財務分析では，当然ながら支払能力を中心として，「財務基盤の安定度」を見るというのが目的となっている。

企業の収益力や財務内容は，過去の業績の反映であり，分析作業のための重要な資料である。さらに，これらの分析・検討を踏まえて，経営指標が将来どのように変化するのかを予想する。

また，数値の背景にあるさまざまな要因についての洞察も必要である。単なる数値のト

レースや同業種および同業態企業間における指標の優劣の判断だけでなく，所属企業の動向や事業基盤の強弱変動，経営方針など，定性的要因との関連で数字を読み，将来の収益予想へと結びつける。格付では，定性的な要因を経営指標と突き合わせて確認し，また逆に，経営指標分析から得られた結果を手がかりとして定性的要因を検討する，という方法で分析が進められる。

格付を行う場合，収益性，安全性，規模など多くの財務諸指標を分析し，その企業の収益性の水準や財務基盤の安定度などを評価する。具体的には，売上高，利益，債務残高などの実数および各種の財務諸比率を算出し，時系列比較および同業他社比較などを行う。

財務諸指標を見るうえで大切な視点は，以下の2点である。

第一は，財務諸表は過去の経営の成果であるのに対して，格付は将来に向けての債務償還能力を評価するもの，ということである。現状の分析にとどまらず，将来の損益，財務の状況を推定することが重要になる。

第二は，単に数字の動きをトレースするだけではなく，その背後にある定性的な要因と関連づけて理解しなければならない。例えば，ある企業の収益性が高いのは，その企業の製品が他社に真似できない特色を有し，競争力が強いためである場合，また，ある企業の売上債権回転期間が伸びているのは，回収の遅い製品のウェイトが高まっているためである場合，などがあり，実態に則して判断している。数字の動きからその裏にある要因を洞察するとともに，ヒヤリングなどで把握した定性的な要因について，実際に財務データの上でそれを検証している。

規模，収益性，安全性などの判断に数多くの財務指標が使用される。使用される指標は，企業が所在する国，法規制，会計制度，業種・業態などにより異なるが，そのうち主なものは以下の通りである。

規模に関する指標……売上高，営業利益，自己資本
収益性に関する指標…売上高営業利益率，使用総資本事業利益率
安全性に関する指標…インタレスト・カバレッジ・レシオ，有利子負債／EBITDA，デット・エクイティ・レシオ，自己資本比率

こうして見てくると，信用格付という作業は，財務分析，そしていわゆる経営分析と呼ばれる分野を，まさに包括的に含んでいるもので，「企業（価値）評価」のまさに全体像にあたることがはっきりしたといえる。

第6章　企業の総合的評価―伝統的な方法― | 87

④ 企業の定性的総合評価とステークホルダー

　企業を定性的に評価することは，さまざまなステークホルダーの視点から，企業を総合的に評価する上で有益である。なぜなら，伝統的な財務データのみを用いた企業評価では，本質的に株主（投資家）の視点からの評価に偏っているのに対して，さまざまな定性データを加味して企業を評価すれば，株主（投資家）以外のステークホルダーの視点からも，企業を評価することが可能となるからである。

　財務リスク評価の一環としてのスタンダード＆プアーズによる経営陣の評価には，コーポレート・ガバナンスと財務方針が含まれており，それぞれに分析上，留意しなければならないさまざまな側面がある。以下ではこれを引用して見てゆく。

● コーポレート・ガバナンスと信用分析の関係

　コーポレート・ガバナンスは最近，経済紙やその他のマスコミで大きな注目を集める話題の１つである。スタンダード＆プアーズの信用分析の一環としてのガバナンス評価は，資金の不正流用や説明責任不足，その他の不正行為のみに注目するものではない。むしろ，企業がどのように経営されているか，すなわち株主や債権者などとの関係，内部手続きや方針，実践方法がいかにリスクを発生あるいは緩和しているか—などに関連した話題を，より幅広く含んでいる。

　まず最初に，企業の所有者を特定する。経営陣は所有者に代わって経営に従事していると考えられるため，その企業の所有者が親会社である場合，当該企業の格付けは親会社の影響を受ける。スタンダード＆プアーズは，企業を単体ベースでは格付けしない。所有者である親会社が格付け先企業より強い，または弱い場合は，格付け先企業の信用力に大きく影響する。所有者の性質，すなわち政府なのか，同族なのか，持ち株会社なのか，また戦略的な関連を持つ他の企業なのかなども，格付け先の事業と財務の両面に大きな影響を与える。

　所有者が複数である場合は，支配権について対立が生じる可能性がある。共同所有者は，事業の運営方法について意見を異にする場合がある。少数持ち分の所有者でも，場合によっては実質的な支配権を行使したり，少なくとも過半数の持ち分所有者の意向を妨げることができる。企業の支配権が，ベースとなる経済的持ち分と不釣り合いな場合は必ず，利害関係者のインセンティブがバラバラとなる可能性がある。複数議決権株式

が存在する場合や，持ち株会社が何層かで存在する構造になっていて，その各層で51%を所有している場合，こうした状況が起こりうる。いずれの例でも，支配権は経済的持ち分の比較的少ない当事者にある可能性がある。国によっては，企業グループによる株式の持ち合いや，同族支配のネットワークが一般的なところもある。そのようなグループの関係が及ぼす影響は，状況次第でプラスにもマイナスにもなりうる。

　同族が所有する企業のコーポレート・ガバナンスの評価は，さらに複雑である。同族の株主が複数いる場合，全員が戦略に同意しているのか。所有者はプロの経営者を雇い，その任務を遂行するのに十分な権限と自主性を認めているか。取締役に，上場企業としての観点から助言できる真に独立した外部の役員が含まれているか。サーベンス・オクスレー法（注：米国企業改革法　米国の公開会社の監査制度，コーポレート・ガバナンス，情報開示などの抜本的改革を目指し，2002年7月に制定）の定める条件が広範囲にわたることから，私有企業が上場することは以前にも増して難しくなった。経営陣の承継，創業者や所有者の子供の関与があるか（またはないか），配当金や新規株式公開（IPO）を通じて保有する株式の価値を「現金化」させる意思があるか，また遺産計画の有無などが，検討事項となる場合がある。

　米国とヨーロッパでは近年，投資ファンド会社が企業を所有するケースが増えている。投資ファンド会社は通常，上場会社の株主よりはるかに積極的に経営に関与することから，スタンダード＆プアーズは，格付け先企業に対する投資ファンド会社の戦略を理解するよう努めている。当該企業は自力での成長を目指すのか，業界再編の土台とするのか，または「キャッシュ・カウ」なのか。通常の保有期間や出口戦略はどうか。負債で調達した資金で配当金を支払うより，負債（買収資金を借り入れで調達する際に発生することが多い）を返済し，最終的に戦略的投資家に売却するか，あるいはIPOで売却する方が債権者には望ましいと思われる。大手の投資ファンド会社の中には，複数の格付け先企業を所有しているところもある。それらの実績は，スタンダード＆プアーズが新たな企業に格付けを付与する際に判断する材料となる。これら検討事項が，下記で論じるスタンダード＆プアーズの財務方針の評価において考慮される。

　株主本位のコーポレート・ガバナンスの分析は従来，経営陣や過半数株主が少数株主の利益を損なう行動を取るのではないかという懸念から，株式の構造に極めて敏感であった（例えば，それぞれの種類の株式に応じた議決権が与えられているかどうかなどの点が問われた）。そうした懸念は，信用分析における絶対的な焦点とはならないが，少数株主の利益を損なう行動を取っていると考えられる企業にはペナルティが科せられる。そのような行為をと

る会社であるとみられた場合は，投資に必要な資本の調達が不利になることは明らかである。さらに，企業がある一部の利害関係者の扱いを誤れば，後に債権者を含む他の利害関係者を欺こうとするのではないかという深刻な懸念を生みかねない。

　スタンダード＆プアーズのコーポレート・ガバナンスの評価では，潜在的な組織の問題にも注意を払う。これには以下の状況が含まれる。

・ある特定の個人，特に近く退職する可能性のある個人に，組織が大きく依存している。

・起業的経営あるいは同族経営からプロの経営への移行が完了していない。

・経営陣の報酬が，利害関係者の権利と比して過大であるか，うまくバランスが取れていない。

・経営陣の離職率が高過ぎる。

・同業他社と比較して，法律，規制，税制上の係争に過度に関与している。

・簿外に複雑な仕組みを採用しているためか，法的な構造が過度に複雑。

・組織の構造と経営戦略の関係が不明瞭。

・財務の機能や財務上考慮すべき事項が，組織上，高く認識されていない。

・会計基準の適用が非保守的である，または決算報告に透明性が欠けている。

　コーポレート・ガバナンスの要素の中で，これまで格付けプロセスにおいて重要な位置を占めていなかったものとしては，取締役会の構造とその関与があげられる。言うまでもなく，企業の取締役会が受け身で，通常の監督を行わなければ，組織のチェック・アンド・バランスを弱め，信用力にはマイナス要因となる。しかし，独立取締役が取締役会に占める割合や監査委員会における独立取締役の地位，内部監査人から取締役会あるいは独立した内部監査委員会への直接的な報告などの要因にいたっては，いまだ体系的に検証されていない。同様に，スタンダード＆プアーズの信用力分析では，取締役や上級経営陣の報酬には焦点を当てていない。報酬の水準が過剰に高いか，そのために過剰に積極的な戦略となっていないか，または短期的な実績にばかり注目していないかを客観的に見極めるのは難しい場合がある。

　しかし，欧米で最近発生した経営陣の不祥事を踏まえて，スタンダード＆プアーズは，これまで発展途上国で焦点を置いていたガバナンス上の弱点を，グローバルにより厳格に考慮するように拡大した。脆弱なコーポレート・ガバナンスはいくつかの点で明らかに信用力を損ない，信用分析に対して警告を発する役割を果たす。反対に，統制環境の決定や監視に参加する，積極的な独立取締役が存在するといった強力なコーポレート・ガバナン

スは，信用力そのものを強化することはないが，財務情報の開示，さらにより広く言えば経営陣に対する信頼性を下支えする役割を果たす。

　信用力を毀損させた脆弱なコーポレート・ガバナンスの最近の例として，以下のようなものがある。

・抑制が利かない支配的な所有者の影響で，会社資源が個人的または無関係の用途に振り向けられる。
・役員報酬の体系が統制されていない。
・経営陣のインセンティブが短期的な利益を優先するあまり，長期的な安定性をないがしろにしている。
・財務情報開示の誠実さに対する監視が不適切なため，資金調達と流動性にリスクが生じている。

　スタンダード＆プアーズは，ガバナンス・サービス・グループと称する独立したスタッフを擁しており，包括的なコーポレート・ガバナンスの分析とスコアを提供しているこのガバナンス・サービスは，主に株式投資家の視点に立っている。また，信用格付けとガバナンス・グループは，特定の企業の分析において共同で作業することがある。さらにコーポレート・ガバナンスの幅広い諸問題に関するアプローチ手法の一貫性を確保するために，信用格付けとガバナンスのアナリストは，一般的な分析規準における技術レベルでの見直しを共同で行う（注：2000年に格付け部門で始まったガバナンス・サービス事業ではCorporate Governance Scoreを付与していたが，同事業の2008年4月の株式調査部門への移管と同時に，新たにGovernance, Accountability, Management Metrics & Analysisとして，BRICsを中心とした発展途上国の規模の大きな会社向けにサービスを提供することとなった。株式調査部門への移管後は，同サービスも，格付け部門と株式調査部門に適用されるファイアウォールの対象となっている）。

　コーポレート・ガバナンスを考慮することは，経営の誠実さを幅広く検証することでもある。経営陣が高い基準を持っていれば，事業のモラルや内部統制システム，企業がはぐくむ文化，事業戦略に加え，株主，債権者，従業員，取引先，顧客に提供する価値の点において，誠実に企業を運営する。

　債権者にとっての誠実さとは，経営陣が金融債務を期日通りに全額返済することである。スタンダード＆プアーズの格付けは実際，ある企業がその金融債務を履行する能力

と意志についての意見である。自明の理に聞こえるかもしれないが、経営陣が1つの価値観や戦略、財務方針を明言しながら、後にまったく異なるものを追求し、企業の信用を危険にさらしかけた例は多い。その他、経営の誠実性を見る際に、以下の点などはプラスの資質に含まれる。

・質問に対してオープンであり、欺瞞なく回答する。
・財務情報開示が透明である。
・戦略をオープンに議論することに意欲的である。
・明言した戦略と財務方針を最後まで貫く。
・課題や問題を認識することに意欲的である。

このような資質を備えた経営陣は、公明正大で誠実であること、そして信用力に対する判断に有用な情報を提供することから、信頼されるようになる。このような資質は、脆弱な事業プロフィールや財務プロフィールを埋め合わせはしないものの、経営の誠実性について疑いがあると、信用力に対する判断がより保守的になる可能性がある。

● 財務方針とリスク許容度：バランスシート管理など

財務リスクに関わる経営陣の哲学や方針は、極めて重要だとスタンダード＆プアーズは考えている。会計慣行、設備投資の水準、負債の許容度、企業合併、資産売却の頻度などは、すべて経営陣の財務方針の一面を示すものである。これらそれぞれの特徴が企業の財務プロフィールを形成し、将来の財務実績に影響する。企業間の差は、経営陣の選好や事業上の要件、株主価値に対する考え方など、さまざまな要因から生じる。

驚くほど多くの企業が財務方針を真剣に考えておらず、また確固たる結論に至った企業はさらに少ない。スタンダード＆プアーズのアナリストが、多額の有利子負債で調達した資金で企業を買収した経営陣に財務目標を尋ねた場合、「負債を返済していくこと」という答えしか返ってこないことは珍しくない。そうでなくとも経営陣の多くにとって、財務方針を考慮する際に、負債レバレッジ（資本総額に対する負債比率であれ、償却前営業利益に対する負債比率であれ、公表数値に調整を加えずに計算した比率）が唯一の注目点となっている。より洗練された経営者は、多様な財務指標を目標にし、事業リスクと財務リスクの間の相互作用を認識した、よく考えられた方針を掲げている。

第7章

企業の総合的評価

―統計的な方法―

① 「優良企業グループ」と「非優良企業グループ」という２つのグループの区別

　企業の良し悪しについて素朴に考えると,「優良企業グループ」と「非優良企業グループ」という２つのグループを区別して考えることができる。もちろん, そのどちらでもない「普通の企業」というグループもあるであろうが, だとすると「優良」,「普通」,「非優良」の３つのどれかにすべてが当てはまるわけで, ここではその「優良」,「非優良」の２つのグループについて考えよう。

　私たちの意図から言うと, ある会社を見たとき, それが優良企業か非優良企業かを知りたい, ということになるが, それを判断するための材料は何であろうか。

　第５章で詳しく勉強した通り, さまざまな財務指標を計算して, その良し悪しによって優良・非優良を判断・区別するのが妥当なことはわかっている。そして, この２グループの間で, その違いを判断するのに一番役に立つ財務指標がわかれば, 非常に便利である。

　これは, 実は統計的な方法で探ることができる。それが「２群の平均値の差の検定」である。今, 次のような２グループの財務データを考えよう。

図表７－１　優良企業グループと非優良企業グループの財務データ

経常利益率	売上債権回転率	自己資本利益率	流動比率	固定比率	金利負担率	総資本回転率	当座比率	グループ
3.201	3.256	11.695	89.164	41.037	1.247	138.957	64.937	1
0.126	5.874	29.741	130.507	132.687	2.264	87.594	94.58	1
-1.935	3.816	17.4	96.182	65.696	3.66	101.789	64.085	1
0.445	5.282	11.059	121.744	65.417	3.756	102.296	86.74	1
8.791	14.474	23.017	120.572	113.949	1.443	47.474	103.949	1
5.169	3.418	12.598	114.936	70.458	2.066	127.671	67.589	1
4.07	3.054	19.866	101.389	62.201	0.908	176.716	84.202	1
3.363	10.879	19.882	186.491	151.323	5.61	54.663	138.875	1
-2.387	4.776	8.99	101.205	54.353	3.082	103.87	72.199	1
10.452	6.398	17.562	111.372	98.96	0.768	76.544	71.119	1
2.596	4.69	10.97	125.703	63.589	3.91	105.839	89.903	1
8.587	6.445	17.133	109.186	84.135	3.374	73.508	84.778	1
8.903	5.037	23.451	119.612	93.541	1.767	92.198	84.878	1
5.86	5.122	9.979	105.399	22.906	4.661	70.925	78.506	1
-13.106	11.041	2.572	101.984	16.608	8.704	41.875	75.293	2
-11.175	5.015	-15.466	77.035	-58.942	5.2	105.195	56.12	2
4.611	8.792	19.021	126.235	118.902	4.443	71.786	102.454	2
7.747	8.316	19.618	111.269	82.02	5.229	55.629	87.663	2
-10.365	5.274	3.976	128.689	13.268	4.99	67.765	83.443	2
2.105	5.951	13.002	82.56	40.245	6.062	68.969	62.217	2
3.691	5.219	19.683	117.515	98.97	2.319	94.673	77.718	2
3.187	5.236	6.495	140.6	34.602	6.264	47.424	59.687	2
-3.255	5.094	5.993	89.431	26.244	2.677	79.972	55.267	2
-11.3	4.824	8.822	104.91	38.568	7.347	63.514	57.215	2
5.868	4.153	22.461	107.502	56.029	3.935	87.173	82.397	2
-6.987	2.945	-9.728	96.929	-74.284	6.931	85.597	34.737	2

第７章　企業の総合的評価―統計的な方法―　｜　95

ここでグループ1が優良企業グループ，グループ2が非優良企業グループである。この2グループについて，その優劣を最も見やすく区別できる財務指標は何だろうか。その答えを与えてくれるのが前述の「2群の平均値の差の検定」である。

　すなわち，優良企業グループと非優良企業グループという2つのグループの間で平均値の差が大きい財務指標があれば，両グループの区別に有効であろう，ということである。

　ここからは統計プログラム・SPSSの出力を参考にしながら見ていこう。

図表7－2

	グループ	経常利益率	売上債権回転率	自己資本比率	流動比率	固定比率	金利負担率	総資本回転率	当座比率
1	平均値	4.70607	5.89436	16.66736	116.67586	80.01800	2.75114	97.14600	84.7386
	度数	14	14	14	14	14	14	14	14
	標準偏差	3.340207	3.148900	6.128424	23.305315	35.197696	1.480014	34.237581	19.45803
2	平均値	-2.41492	5.98833	8.03742	107.05492	32.68583	5.34175	72.46433	69.5176
	度数	12	12	12	12	12	12	12	12
	標準偏差	7.775981	2.260546	11.849880	19.148229	56.742036	1.868444	18.999335	18.50803
合計	平均値	1.41946	5.93773	12.68431	112.23542	58.17238	3.94681	85.75446	77.7135
	度数	26	26	26	26	26	26	26	26
	標準偏差	6.746318	2.721546	10.028148	21.625992	51.380020	2.099930	30.427453	20.18614

　図表7－2を見ると，それぞれの財務指標の両グループの平均値の差は次のようになる。

経常利益率	7.12
売上債権回転率	－ 0.09
自己資本比率	8.63
流動比率	9.62
固定比率	47.33
金利負担率	－ 2.59
総資本回転率	24.68
当座比率	15.22

　これによると固定比率が一番大きく，両グループの区別に一番有効に見える。しかし，はたしてそうだろうか。固定比率は全体の平均が58.17と大きく，両グループの平均値の差異も，その影響（これを「寸法」の影響と呼ぶ）を受けているといえる。これに対し，例えば金利負担率は，両グループの差異は2.59（絶対値）と小さいが，この指標自体の全体の平均値は3.94であり，これを考えると，両グループの平均値の差異はなかなか大き

いのでは？と思わせることになる。すなわち，この場合，「寸法」の差まで考慮に入れなくてはならないことがわかる。

図表7-3　独立サンプルの検定

	2つの母平均の差の検定					
	t 値	自由度	有意確率 （両側）	平均値の差	差の95% 信頼区間	
					下限	上限
経常利益率	3.115	24	.005	7.120988	2.403600	11.838376
売上債権回転率	-.086	24	.932	-.093976	-2.348908	2.160956
自己資本比率	2.384	24	.025	8.629940	1.157387	16.102494
流動比率	1.137	24	.267	9.620940	-7.835620	27.077501
固定比率	2.597	24	.016	47.332167	9.712957	84.951377
金利負担率	-3.945	24	.001	-2.590607	-3.945969	-1.235245
総資本回転率	2.218	24	.036	24.681667	1.711056	47.652277
当座比率	2.033	24	.053	15.22099	-.22888	30.67086

　このように，「寸法」の差まで考えながら両グループの平均値の差異の大きさを判断する手法が「2群の平均値の差の検定」である。

　この分析は，統計学的には実はさまざまな定義と条件を有しているが，ここではそれは問題としない。本書の目的を超えたトピックだからである。以下（そして今後），斜体の部分は飛ばして構わない。

*　たとえば2つのサンプル（標本）間の平均の差を検定する場合，2つのサンプルには，独立したものと対応のあるものの2つがある。独立したサンプルとは，男性グループと女性グループとか，A組とB組などのように，構成メンバーが異なるサンプルを意味し，一方，対応のあるサンプルとは，薬を飲む前と飲んだ後のように，同じ対象で2つのサンプルを得たような場合を意味する。また，ここでいう「t値」というのが，さきの「寸法を考えた平均値の差異の指標」にあたり，一応，定義式は次の通りである。*

独立したサンプルのt検定でのt検定量

$$t = \frac{\bar{x}_1 - \bar{x}_2}{\sqrt{\dfrac{s_1^2}{n_1} + \dfrac{s_2^2}{n_2}}}$$

ここで分子は両グループの平均値の差，分母は寸法の影響を消すために両グループの「標準偏差」を「標準化」する尺度である。

さて，この図表7−3の「t値」が3以上であれば，両グループで十分に差が大きい財務指標といえることを記しておこう。またこれが2〜3であれば，まあ差が大きいといえるであろう。

このような作業を予備調査として，判別分析を考えてみよう。

② 判別得点による総合評価

1　はじめに

判別分析を企業の得点化に利用し，財務的な評価に使うことを考えたのは，銀行をはじめとする金融機関である。

銀行の主要業務は，預金者から資金を調達し，これを貸出として運用することにある。貸出への運用は，銀行にとって最大の収益源であると同時に，取引先企業の資金需要を満たし，ひいては経済成長に必要な資金を供給する役割を果たしている。銀行は企業としての健全性を維持し，また預金者を保護するためにも，貸出金の健全な運用に努めなければならない。

1980年代に急成長を遂げてきたわが国経済も，現在は混乱の時代に入っている。その中で業種間格差，企業間格差は拡大する傾向にある。企業倒産は依然として跡を絶たない。このため銀行の貸出審査業務は，以前にもまして個別企業を精密に分析する必要に迫られている。一方，貸出件数は年々増大し，審査の効率化，迅速化が当面の重要な課題としてクローズアップされてきている。

企業を評価する場合，従来はさまざまな要因を個々に分析評価し，その結果を評価担当者が自己の知識，経験に基づいて総合評価する方法がとられてきた。その際，要因同士の相関も考慮に入れるが，どの要因を重視するかは担当者によって異なり，明確な評価尺度はなかった。

このため，銀行組織全体として共通の評価尺度を確立し，担当者ごとの評価結果のバラツキを少なくする必要がある。また共通の評価尺度は，貸出審査業務の効率化にも役立つ。

そのための1つの試みとして，現在，倒産件数が依然として多いことから，倒産の予測判別分野での実用化を目指して，判別関数法を利用してみたのが，この種の方法のハシリである。

2　判別関数法

　判別関数とは，2つ以上の群（母集団）から取り出した多変量のデータ（連続量）に基づいて，所属不明の新しいサンプルを，そのいずれかの群（分類尺度）に所属するかを判別しようとする手法である。

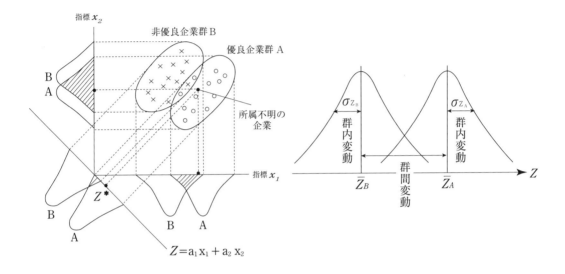

図表7-4　　　　　　　　　　　図表7-5

　ある企業が優良企業か非優良企業であるかを見分けるのに有力な財務指標が2つある場合，このうち1つの指標 X_1 だけで判別しようとすると，図表7-4のように両群の重なり合う領域の判別が困難であり，同様に別の指標 X_2 だけで判別しようとしても，重なり合う領域の判別は難しい。そこで X_1 と X_2 の指標を同時に用いて，$Z=a_1X_1+a_2X_2$ の直線を増やしていけば分離度はさらに向上するものと考えられる。

　判別関数はZを指標 X_i（$i \geq p$）の1次関数として，優良企業群と非優良企業群との間でZの値が最もよく分離するように，指標の組合せ（$X_1, X_2, \cdots, X_p$）を選定し，そのウェイト（$a_1, a_2, \cdots, a_p$）を求める手法である。数学的には，Z軸上での群間変動の群内変動に対する比を最大にする a_i（$i=1, \cdots, p$）を求めることである。言い換えれば，優良企業群の判別スコアの平均値 Z_A と非優良企業群の判別スコアの平均値 Z_B との差（Z_A-Z_B）をできるだけ大きくし，かつ群ごとの判別スコアの平均からのバラツキを示す標準偏差（σz_A および σz_B）をできるだけ小さくするように，各 a_i を決めるものである（図表7-5）。a_i の求め方として，ここでは両群の分散（σz_A^2 および σz_B^2）が共通であると仮定している。

SPSSによる判別分析の結果は，次の通りである。

図表7－6　標準化された正準判別関数係数

	関数
	1
金利負担率	-.661
自己資本比率	.384
総資本回転率	.304

　すなわち，そこでの判別関数Ｚは

　　Ｚ＝－0.661＊金利負担率＋0.384＊自己資本比率＋0.304＊総資本回転率

ということになる。この時の各サンプルの判別得点は次の通りである。

図表7－7　ケースごとの統計

ケース番号		実際のグループ	予測グループ	判別得点
元のデータ	1	1	1	.185
	2	1	1	.159
	3	1	1	2.480
	4	1	1	.483
	5	1	1	.383
	6	1	1	1.012
	7	1	2[**]	-.555
	8	1	2[**]	-.692
	9	1	1	1.599
	10	1	1	1.382
	11	1	1	1.191
	12	1	1	1.364
	13	1	1	1.398
	14	1	1	.281
	15	2	2	-.970
	16	2	2	-1.747
	17	2	2	-1.463
	18	2	1[**]	.162
	19	2	2	-.542
	20	2	2	-1.588
	21	2	2	-2.777
	22	2	1[**]	.428
	23	2	2	-1.005
	24	2	2	-2.119
	25	2	2	-.082
	26	2	1[**]	1.033

＊＊間違って分類されたケース

ここでは，原則として，優良企業の判別得点はプラス，非優良企業の判別得点はマイナスとなるはずである。しかし第7社，第8社は本来，優良企業で判別得点がプラスなはずなのがマイナスに，第18社，第22社，第26社は本来，非優良企業で判別得点がマイナスなはずなのがプラスに，それぞれなってしまって，誤判別ということになる。とはいっても，その正判別率は80%を超えている。

図表7-8　分類結果[a]

グループ			予測グループ番号		合計
			1	2	
元のデータ	度数	1	12	2	14
		2	3	9	12
	%	1	85.7	14.3	100.0
		2	25.0	75.0	100.0

a　元のグループ化されたケースのうち，80.8%が正しく分類された。

　こうして算出された各社の判別得点を相対化（最大 = 100，最小 = 0）したのが次の表である。

図表7-9　ケースごとの統計

ケース番号		実際のグループ	予測グループ	判別得点	相対得点
元のデータ	1	1	1	.185	56.35
	2	1	1	.159	55.84
	3	1	1	2.480	100.00
	4	1	1	.483	62.00
	5	1	1	.383	60.11
	6	1	1	1.012	72.08
	7	1	2[**]	-.555	42.27
	8	1	2[**]	-.692	39.66
	9	1	1	1.599	83.24
	10	1	1	1.382	79.11
	11	1	1	1.191	75.49
	12	1	1	1.364	78.77
	13	1	1	1.398	79.42
	14	1	1	.281	58.17
	15	2	2	-.970	34.38
	16	2	2	-1.747	19.60
	17	2	2	-1.463	25.00
	18	2	1[**]	.162	55.90
	19	2	2	-.542	42.52
	20	2	2	-1.588	22.63
	21	2	2	-2.777	0.00
	22	2	1[**]	.428	60.97
	23	2	2	-1.005	33.71
	24	2	2	-2.119	12.52
	25	2	2	-.082	51.26
	26	2	1[**]	1.033	72.47

**間違って分類されたケース

このように，統計的な方法による企業の総合評価（得点化）が可能である。これは，統計的，すなわち他の諸企業との関連から，全体の中での相対的な位置を示そうという考え方の1つといえるであろう。

すなわち，カンや経験のみによる総合評価ももちろん貴重なものであるが，有意なサンプルに基づき，そこからできるだけ客観的な評価の値を引き出すということは価値のあることだろう。ここでの「相対得点」は，分析対象企業の価値のランキングの，わかりやすい指標ということができるであろう。

《練習問題》

前述の判別分析による方法で，新しいデータによって，同様の分析をしなさい。データは相対的に大容量なので，創成社のサイト（http://www.books-sosei.com）にアップロードしてあります。

索 引

A−Z

DCF 法……………………………………4, 27
EBITDA…………………………………………32
EDINET（Electronic Disclosure for Investors'
　NETwork）……………………………………10
JCR 大企業モデル……………………………80
M＆A……………………………………………27
NOPAT（Net Operating Profit After Tax）
　…………………………………………………31
Ullet（ユーレット）……………………………9

ア

アライアンス（協働）…………………………28
粗金利償却前利益（Earnings Before Interest,
　Tax, Depreciation and Amortization）…32
粗付加価値（gross value added）……………59
安全性の分析（safety analysis）………………54
売上高利益率（income to sales）……………53
永久還元法（Perpetuity Method）……………32
営業活動…………………………………………14
営業利益…………………………………………12

カ

会社四季報………………………………………11
回収可能性………………………………………78
加算法………………………………………57, 58
加重比率総合法…………………………………69
合併（Merger）…………………………………27
株主資本…………………………………………13
　　　等変動計算書（S/S, Statements of
　Shareholders' Equity）…………………9, 13
関係比率（salient ratio）………………………51
カントリー・シーリング………………………81
企業評価（企業価値評価）………………………3
　　　モデル………………………………………3
キャッシュ・フロー……………………………13

　　　計算書………………………………………9
繰延資産…………………………………………12
クレジット・モニター…………………………77
経営成績（operating results）…………………12
経常利益…………………………………………12
控除法………………………………………57, 58
固定資産…………………………………………12
固定性配列法……………………………………12
固定長期適合率（fixed assets to invested
　capital）………………………………………56
　　　の逆数（invested capital to fixed
　assets）………………………………………56
固定比率（fixed assets to stockholders'
　equity）………………………………………55
　　　の逆数（stockholders' equity to
　fixed assets）…………………………………55
固定負債…………………………………………12
コーポレート・ガバナンス……………………88

サ

財政状態（financial position）…………………11
財務活動…………………………………………14
財務基盤の分析…………………………………85
債務不履行………………………………………75
財務方針…………………………………………92
サーベンス・オクスレー法……………………89
残存価値（Terminal Value, Scrap Value）…31
事業基盤の分析…………………………………81
自己資本比率（stockholders' equity ratio）…57
資産………………………………………………12
指数法（Index Method）………………………68
実数法……………………………………………51
シナジー（synergy, 相乗効果）………………28
資本回転率（capital turnover）………………53
資本コスト…………………………………………3
資本生産性（value added to total assets）…61
資本利益率（return on capital）………………52

| 103

収益··12

───性の分析（profitability analysis）···52

従業員1人当たり売上高（sales per employee）
···60

樹木法（NEEDS-TREE）····················68

純資産（資本）···12

少数株主持分···13

新会社法···13

新株予約権···13

信用格付（Credit Rating）·············4，74

信用力···78

垂直型M＆A···29

水平型M＆A···29

スタンダード＆プアーズ·····················88

寸法の影響···96

生産性···57

───の分析（productivity analysis）···57

静態比率（static ratio）·····················51

成長性の分析（growth analysis）··········61

税引前利益···12

絶対的評価（個別的評価）·············3，27

増益率（change in income from previous ear）
···62

操業シナジー···29

増収率（change in sales from previous year）
···61

相対的評価···3

損益計算書（profit and loss statement；P/L，
income statement）·············9，12

タ

貸借対照表（balance sheet；B/S）········9，11

───等式···12

中小企業庁方式···58

長期個別債務格付·····························75，76

長期発行体格付·································75，76

撤回···77，78

当期純利益···12

当座比率（quick ratio）·····················55

投資活動···14

投資シナジー···29

動態比率（dynamic ratio）··················51

得点法·······································68，70

ナ

2群の平均値の差の検定····················96

日銀方式···58

日経会社情報···11

日経テレコン···11

日本格付研究所···75

ハ

買収（Acquisition）·····························27

販売シナジー···29

判別関数法···99

比較損益計算書（comparative income
statement）·····································51

比較貸借対照表（comparative balance sheet）
···51

非優良企業グループ·······························95

費用···12

評価・換算差額···13

標準比率···69

比率法（ratio method）·····················51

フェイス分析···67

付加価値（value added）·····················57

───率（value added to sales）··········60

負債···12

───比率（debt to stockholders' equity
ratio）···56

───レバレッジ···································92

フリーキャッシュ・フロー（Free Cash Flow，
FCF）···30

平準化（Normalization）··················32

保留·······································77，78

マ

マネジメントシナジー···························29

マルチプル法（Multiple Method）········31，32

見通し···77

モディリアーニ＝ミラー·····················80

ヤ

有価証券報告書···10

優良企業グループ·····························95

ラ

流動資産···12

流動性配列法···12

流動比率（current ratio）··················54

流動負債···12

労働生産性（value added per employee）···59

≪著者紹介≫

小山明宏（こやま・あきひろ）

1953 年 6 月　北海道札幌市にて出生。

1976 年 3 月　一橋大学商学部卒業。

1981 年 3 月　一橋大学大学院商学研究科博士課程単位修得。

1981 年 4 月　学習院大学経済学部専任講師。

　助教授を経て，

1988 年 4 月〜学習院大学経済学部教授。博士（経営学）。

2014 〜 16 年度日本財務管理学会会長。

1989 年 4 月〜1991 年 3 月，ドイツ，トリアー大学第 4 専門学群
　経営経済学部門客員教授（Kolloquium（輪講），日本企業論を担当）。

1995 年 4 月〜9 月，ドイツ，バイロイト大学経営学第 4 部門 C4 正（専任）教授
　（日本的経営論の講義・ゼミを担当）。

2006 年 9 月〜 2007 年 8 月，ドイツ，ハンブルグ大学経済社会科学部客員教授。
　ブレーメン大学，ハンブルグ・ハールブルグ工科大学，カイゼルスラウテ
　ルン工科大学より専任教授の勧誘を受けている。
　筑波大学理工学群社会工学類講師。

（検印省略）

2019 年 1 月 1 日　初版発行　　　　　　　　　　　　　　略称 ─企業評価

企業評価の総合的方法

著　者	小 山 明 宏
発行者	塚 田 尚 寛

発行所　　東京都文京区　**株式会社　創 成 社**
　　　　　春日 2 − 13 − 1

電　話　03（3868）3867　　ＦＡＸ　03（5802）6802
出版部　03（3868）3857　　ＦＡＸ　03（5802）6801
http://www.books-sosei.com　振　替　00150-9-191261

定価はカバーに表示してあります。

©2019 Akihiro Koyama　　　　　　組版：スリーエス　印刷：エーヴィスシステムズ
ISBN978-4-7944-2533-1 C3034　　　製本：宮製本所
Printed in Japan　　　　　　　　　落丁・乱丁本はお取り替えいたします。

———————— 経営選書 ————————

企業評価の総合的方法	小山明宏	著	1,500円
経営財務論 —不確実性，エージェンシー・コストおよび日本的経営—	小山明宏	著	2,800円
図解コーポレート・ファイナンス	森直哉	著	2,400円
ビジネスのためのデータ処理リテラシー	尾碆眞 吉田聡 笠置剛 中野健秀	監修 編著	2,200円
文書作成リテラシー	尾碆眞 吉田聡 中野健秀 笠置剛	監修 編著	2,000円
ビジネス・シミュレーション — 設計・構築・分析 —	姜秉国	著	2,600円
経営情報システムとビジネスプロセス管理	大場允晶 藤川裕晃	編著	2,500円
イチから学ぶビジネス — 高校生・大学生の経営学入門 —	小野正人	著	1,700円
やさしく学ぶ経営学	海野博 畑隆	編著	2,600円
豊かに暮らし社会を支えるための 教養としてのビジネス入門	石毛宏	著	2,800円
東北地方と自動車産業 — トヨタ国内第3の拠点をめぐって —	折橋伸哉 目代武史 村山貴俊	編著	3,600円
おもてなしの経営学［実践編］ —宮城のおかみが語るサービス経営の極意—	東北学院大学経営学部 おもてなし研究チーム みやぎ おかみ会	編著 協力	1,600円
おもてなしの経営学［理論編］ — 旅館経営への複合的アプローチ —	東北学院大学経営学部 おもてなし研究チーム	著	1,600円
おもてなしの経営学［震災編］ —東日本大震災下で輝いたおもてなしの心—	東北学院大学経営学部 おもてなし研究チーム みやぎ おかみ会	編著 協力	1,600円
転職とキャリアの研究 — 組織間キャリア発達の観点から —	山本寛	著	3,200円

（本体価格）

———————— 創成社 ————————